用手账管理时间

风靡全球的时间管理方法

杨健◎著

电子工业出版社

Publishing House of Electronics Industry

北京·BEIJING

说　明

　　为讲述内容的需要，本书不可避免地提及了一些品牌或产品，但这并不意味着本书作者和出版社绝对认可这些品牌或产品，更不构成对任何人的购买或投资建议。

　　市面上的每一个品牌和产品，既有其相对优点，也有其难以克服的不足，需要读者朋友自行判断。

用手账管理时间，是一种由右脑驱动的时间管理方法，也是最不耗费意志力的方法之一。

各位读者朋友：

大家好！

这是一本适合现代人阅读的时间管理书。本书主要讲解了如何借助手账来进行高效的时间管理。

"手账"即记事本，具有方便携带的特点。手账发明于欧洲，在日本发展到极致，在中国的使用也很早。《论语》的内容最早是由孔子的弟子们将孔子语录记录在竹简上，这其实也是手账形式的早期雏形。文艺复兴时期的达·芬奇留给后世的 7200 页手稿，其中就有大量的待办清单和日程安排，甚至还有关于食物的记录。

欧洲人很早就制作出可随身携带的本子。渐渐地，这种可随身携带本子的用户越来越多，工业革命以后更是被很多欧美人使用。1862 年，这种本子从法国传入日本，然后在日本迅速普及。日本在近代逐渐形成了丰富多彩的手账文化，如今日本国民几乎人手 1 本手账。欧洲的手账本率先形成了一些专业品牌。在现代欧洲的手账品牌中，甚至出现了奢侈品级的手账产品。

在中国，目前已经约有 1000 万"手账深度用户"，而"泛手账人群"已达 1 个亿的规模，并且用户数量还处于裂变式增长中。按照中国的用户体量和手账的发展趋势来预测，未来可能有 3 亿～5 亿人会深度使用手账。

手账深度用户：指用专门的手账本管理时间，并管理和记录各种事务内容的人。

泛手账人群：指有记录日记的习惯，或有记录学习笔记的习惯，或有记录工作日志的习惯的现代人，包括在校学生和各种职业人士等。

在这个背景下，我们应该如何合理地使用手账？如何借助手账来管理工作和生活？如何真正发挥手账的功能？解决这些问题已经非常迫切。

我是从 1998 年开始使用手账的。严格地讲，那时候还没有"手账"这个词，所谓的"手账"其实就是一般的横向翻页记录本。

在后来的 20 年里，我通过连续地实践积累，也不断吸取国内外手账用户的经验，渐渐地形成了一整套基于手账的工作方法。在这套工作方法里，最基础的就是用手账管理时间。

关于用手账管理时间的方法，我已经在线下做过多次培训分享，也形成了一个独特的时间管理知识体系：怎么使用手账；"1-3-6"手账原则；时间管理的精髓——时间轴；日程复盘；还有 2 个计划表、3 个聚焦法则、4 个精力技巧、5 个"断舍离"模块，以及如何建立个人专属的时间管理系统来全面提升认知结构等。

这些内容都会在本书中详细地为大家讲述。

另外，通过阅读本书，相信读者还能够深刻地体会国内外的手账文化，塑造正向、积极的高效能思维。

在信息爆炸的时代，越来越多的人在为时间不够用而焦虑。如果想更好地掌控工作与生活，塑造一种全新的人生效能思维，那么真的应该好好地了解一下用手账管理时间的方法。

《用手账管理时间》是"用手账管理系列"的第 1 本图书。与本书配套的音频和视频内容也会发布在网络上。

在本书封面上有我的联系方式，欢迎读者朋友们指正、交流。

祝大家阅读愉快！

杨建

目录

第一篇

一

开

源

第二篇

节

流

第三篇

精

进

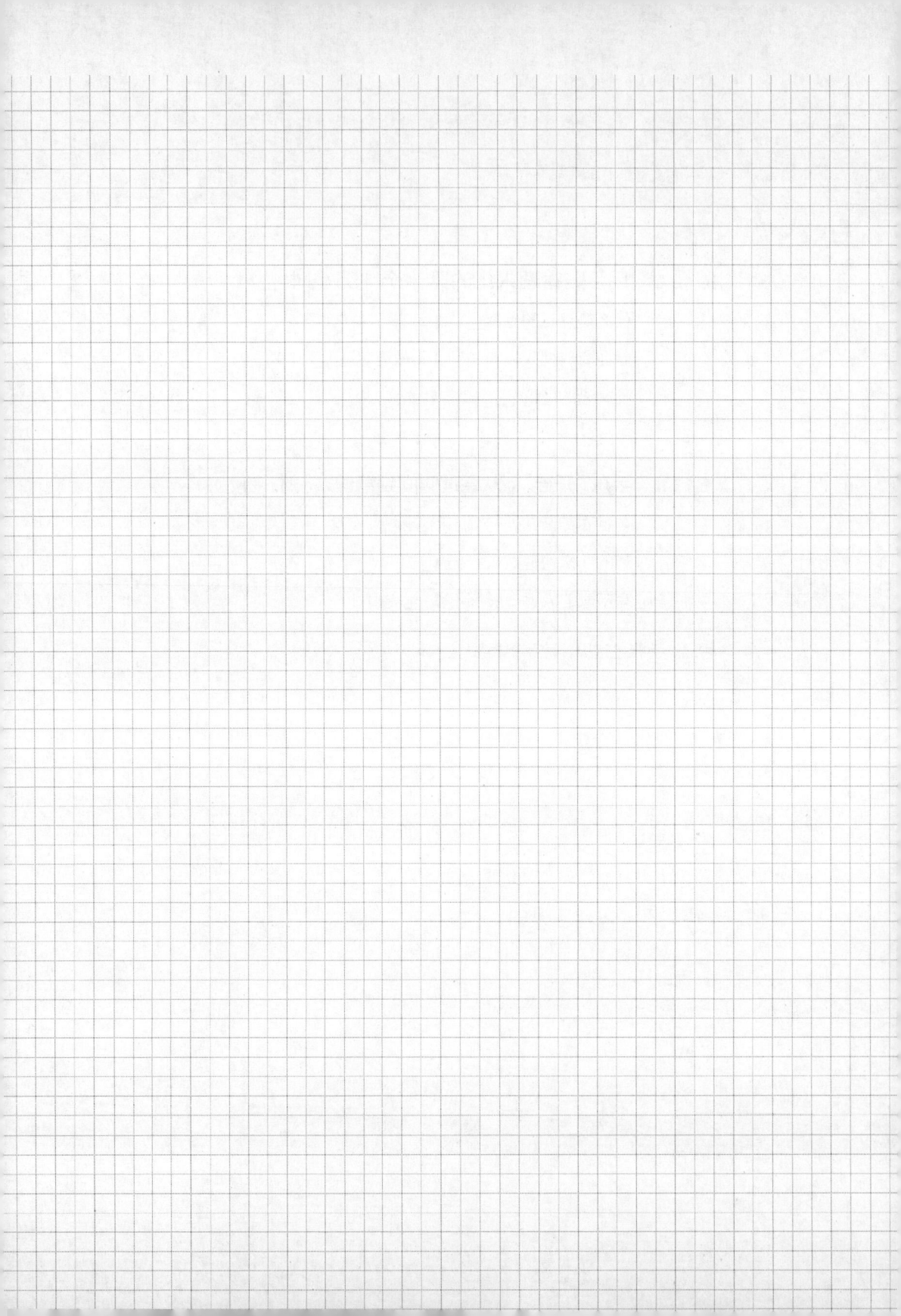

第 1 章

手账，
可以人手 1 本

手账会让生活和工作更有计划和逻辑。

手账能起到"大脑减压器"的作用。

手账用来做什么

可以随身携带的本子传入日本以后，首次被命名为"手账"，并被赋予了专属名称"てちょう"（手账）。

如果不是随身携带的本子，如正式上班用的工作记录本、学生做课堂笔记的学习本，那么日语叫"ノート"（笔记本）。

简单地说，笔记本是用来记录东西的正式一点的本子，而手账是比较随意的本子。在笔记本上做记录或翻看阅读，一般都得在固定的场所（如桌子），一般也不用随身携带。相对于笔记本手账往往尺寸小一些，封面也会用皮、布、硬纸等比较耐用的材料制作，既方便携带，也方便在任何时候、任何场所做记录或翻看。

然而，很多时候人们将笔记本与手账混为一谈。一些文具品牌也将手账归到"笔记本"这个品类下面。即便手账文化被反向输出到欧美等国以后，欧美的文具品牌也没有明确区分笔记本产品里哪些叫手账。但是这并不妨碍用户将适当大小的笔记本当作手账来使用。

现在这种随身携带的手账和手账文化已经风靡全球。除了欧美与日本，在澳洲、拉丁美洲、韩国、新加坡等地都有了大批手账用户。即便在非洲、南亚、"一带一路"倡议响应国等区域和地区，也有越来越多的人使用手账。

　　人们理解的手账，就是对个人事务进行管理和记录的本子。例如，人们可以利用手账记录待办事项、进行日常计划、管理联系人信息、管理财务收支情况，或者在手账上随手记录一些思考或语录，甚至可以记录和管理兴趣爱好，例如，美食、旅游、景点打卡等。

　　职场人士还可以将工作内容直接记录到手账上，并且可以直接在手账里做工作规划、结构思考、进度记录。

　　很多年前，我多次遇到这样的情况：在我为客户做咨询项目的课余，常常有客户觉得我在本子上记录工作的方法很不错。他们都想翻一翻、看一看，甚至会询问我有怎样的工作记录和日常事务管理的习惯。在这个时候，我往往会告诉他们：这样的笔记本叫"手账"。当时，我还没想到将那些习惯整理成一套方法。到后来，甚至有在日本的朋友也向我请教手账的一些用法的时候，我意识到那一定是我做对了什么。

手账的发展

　　去日本旅游过的朋友，尤其是还跟日本人共事过的朋友，一定都对日本国民的手账文化有了解。即使没去过日本的人，在看一些日本影视剧的时候，也会发现：在日本几乎是人手 1 本手账。例如，在日本电影《垫底辣妹》中，有村架纯扮演的女主角，作为班级里学习成绩垫底的学生，也会在自己的日程手账上写写画画。日本的上班族和中产精英，更是每人都有自己的工作手账。日本的职场人士在工作中几乎是全程手账不离手，不管是在办公室工作、在会议室开会，还是在公司外面跑外勤。他们的很多状态都是：拿一支笔，在手账本子上飞快地记啊、记啊。日本的家庭主妇也有自己的手账，她们会记录整个家庭吃什么、穿什么、家庭开支等。很多老年人即使退休了也会保持着自己前半生的手账习惯，例如，日常生活、娱乐休闲、医疗体检等，他们都会记录在手账上。

其实，不少日本人日常使用的手账不止一本。很多人习惯将工作手账与生活手账分开。还有些日本人将自己的兴趣爱好用单独的一个手账本来管理。例如，有的人爱美食，就预先整理了大量的美食笔记；有的人还会把美食杂志上的图片剪下来，贴到手账本上，然后安排出时间，计划好什么时候去体验。一些专门设计手账的文具品牌还会设计发行专门的美食手账，甚至还开发更细分的吃拉面的手账、吃料理的手账、吃牛肉的手账、吃饺子的手账、米其林三星的手账、喝精酿啤酒的手账等。此外，还有专门泡温泉的手账、各种钓鱼体验的手账、下将棋或下围棋的手账还有参加禅修的手账。实在太多啦！

日本的手账文化是在一百多年的发展中形成的。在中国，手账这样的行为出现得非常早。东晋葛洪编著了一本医书——《肘后方》[1]。所谓"肘后"的意思是，卷帙不多可以悬于胳膊肘后面，以便用到时随手翻看。2015 年，中国女科学家屠呦呦因青蒿素而获得诺贝尔生理学或医学奖，屠呦呦研制青蒿素的重要启示就来自流传至今的《肘后方》。

古代日本在很长一段历史时期中是"有语言没文字"的。三国时期，汉字传入日本。后来，日本遣唐使和一些中国人把更多的汉字文明带入了日本，同时还将文字、语言、建筑、宫廷礼仪等带到了日本，其中也包括比较原始的手账行为。

由于一些历史问题，今天能看到的中国古代类似于手账的记录比较少，但也还是有一些。例如，被称为"立功、立德、立言，三不朽"的曾国藩，他的日记和家书就广为流传。再如，古代皇帝什么时候临幸妃子，都有太监在门外做记录，以便于区分将来出生的皇子。又如，一些民间的家谱、账簿，有的也留存到了现在。这些都是现代手账文化的雏形。

18 世纪，美国建国先贤本杰明·富兰克林也是一位实业家和科学家，他是较早将手账与时间管理结合起来的人。他不但将每

---

1 《肘后方》全称为《肘后备急方》，也叫《肘后救卒方》，相传为东晋的道学者、炼丹家、医药学家葛洪（284—364 年）所著，被喻为"中国第一部临床急救手册"。

天的时间进行精细的安排，还不断地在日历本上记录各种箴言。通过编纂这些内容，他出版了《穷查理年鉴》[1]。《穷查理年鉴》其实是富兰克林的日记结集，被连续出版了 25 年。

1862 年，日本的福泽谕吉[2]在访问欧洲时购买了一本现代意义上的手账，并带回了日本。但在之前的幕府末期，因"黑船事件"[3]美国人的手账行为已开始流入日本。

碰巧，富兰克林与福泽谕吉的头像分别出现在了美元与日元最大面额的纸币上。从近代历史上看，一个国家崛起的过程与手账的广泛普及似乎存在一定的关系。

中国人中写手账、用手账的群体，主要是从"90 后"开始的。他们其中不少人在学生时代受到一些日剧和动漫文化的影响比较大。这些影视、动漫中常有手账道具，然后他们就也学着用手账。只是他们在学生时代因为没有经过系统的指导，也没有家庭里潜移默化的氛围影响，基本上把手账当成彩色笔书写的日记。他们在手账本上面涂涂画画，还买来很多装饰胶带在其上到处贴。随着他们进入职场，当中的一部分人，将手账习惯进化为时间效能

---

1 《穷查理年鉴》：与股神巴菲特的合作伙伴查理·芒格的《穷查理宝典》是两
　本不同的书。《穷查理年鉴》在中国有的地方也被译为《穷查理年历》。

2 福泽谕吉（1835 年 1 月 10 日至 1901 年 2 月 3 日）：日本近代启蒙思想家、
　教育家，庆应义塾大学创办人，被喻为"日本伏尔泰"。2004 版日元中，一
　万日元纸币上印有福泽谕吉头像。

3 黑船事件：指 1853 年美国海军准将佩里以炮舰威逼日本打开国门通商的事件。

管理的工具。

其实，在日本人和欧美人写的手账里，很多内容都非常单调。他们使用手账的功能也很单一，大多数都是用其来进行时间日程管理，很少有人将手账内容画成花花绿绿的样子。尤其是日本职场白领用的手账，只是记录日程和工作相关的东西。如果翻看普通日本人的手账，日本人刻板、不灵活的作风就会体现得淋漓尽致。例如，几点几分开会，几点几分约会，几点几分去看樱花。日本人一般都比较严谨，连约会都要计划再三，但是约会时间一旦确定，他们就将约会信息认真地写在手账里。

虽然看上去极度的刻板，但日本人有自己的理由：

第一，认真规划会让生活和工作更有计划和逻辑。

第二，可以随时在手账里增加记录事项，除了待办事项，各种想法都可以记录，目的是让大脑空出来。手账实际上就是大脑的减压器，这样便于留出更多的精力去做直接产生效能的工作。

不得不说，这样的理由是成立的，而且非常有用。据说现在日本年轻人中有七成以上的待嫁女生，都特喜欢手账用得好、行程计划做得好的男生。在职场中，严格守时、日程管理严谨的人也更容易受到上司的青睐。

除了时间管理，我们还能利用手账进行人、财、物的管理。人、财、物管理，指的是人际关系管理、财务管理、物品管理。

更加形而上的是，我们还可以利用手账进行梦想管理与目标管理。此外，我们也可以在手账上面随意书写，管理工作思路和兴趣爱好。手账的功能性作用非常大。

当小小的手账被广泛使用之后，手账从一个简单的本子升级为手账文化。这个时候，手账的功能与外延也扩大了。这就跟人度过温饱阶段以后，吃饭、穿衣被赋予了更多的内涵一样。吃饭不再只是填饱肚子，而是重要的社交活动。穿什么样的衣服也不只是为了蔽体保暖，衣服成了彰显身份的标志。手表也不再只是为了看时间，而是品味的道具。手账也是一样的。在手账文化形成过程中，手账也开始成为某种意义上的社交工具。用什么样子的手账？如何用手账？选购怎样的手账品牌？这些问题早已成为手账深度用户认真对待的话题。所以，中国的社交网络上出现了"给你看看我的手账吧"这样的网友运动，有的职场新人或在校学生宁可省下生活费，也要买一本几千元的高档手账。手账的社交功用越来越大。

我亲历过这样一个小故事：

有一次，我在咖啡厅见到一个人正在用一本跟我同款的手账。他见我多看了几眼正有些诧异的时候，我便也拿手中的手账冲他挥了挥，随后两个人便微笑着互相点头致意。正是这样一次"心有灵犀"般的邂逅，竟然成就了我们后来的一系列商业合作。

除了具备功能作用和社交作用，有的手账成为收藏品，开始有了保值、增值的作用。个别奢侈品级手账，因为所用的皮革优

良、做工也很精致，被手账用户用了几年之后，皮质更是散发着
特有的光泽[1]，如果转手反而能够卖出高于购买时几倍的价格。即
便如此，这样的手账用户也不舍得转让自己"养"了几年的手账。
我曾留意到，有网友晒出"婆婆将手账传给儿媳妇"的新鲜个案，
手账竟然也有了传家宝的作用。

手账的功能与意义如图 1-1 所示。

功　能	意　义
时间管理、人脉管理、 财务管理、物品生活管理 梦想管理、目标管理 工作思路管理、兴趣爱好管理	个人效能与全事务管理 "大脑减压器" 精神与目标指引
社交道具	人群区隔 身份标志
收藏品	保值增值 传家宝

图 1-1　手账的功能与意义

我用手账管理工作与生活，已经有很多年了。市场上能买到
的主流手账，我基本都用过。现在我每天都要用到 3 本手账来管
理工作和生活里所有的事情。

---

1 手账用户称这个过程为"养皮"。

右脑驱动的时间管理方法

各位读者朋友可能已经接触过一些时间管理的技巧，如 GTD、番茄时钟等。大家听说过的时间管理技巧，都是左脑驱动的方法。要用那些技巧，人就得先改变些什么。换句话说，就是得先削足适履，才能用上那些技巧。用手账管理时间不需要硬往一套机械化的规则上靠，只需拿起笔在纸上写就可以。只要不断地写、大量地写，积累到一定量以后自然而然就能管理好时间。用手账管理时间的方法完全是右脑驱动的方法，这是我在开发梳理这个时间管理体系时的最大发现！

右脑驱动的时间管理方法，会释放人的直觉本能，会在不知不觉中就将时间用好，伴随而来的是心灵更自由、人生更充实、生活更幸福。其他的时间管理技巧都是左脑驱动的方法，都需要人动用意志力去先做出改变。用左脑的过程很痛苦，在美国好几位心理学专家就指出"人的意志力是有消耗的"。

有些读者朋友也有过这样的体验：我们在实践某种机械化的方法时，为了适应这个新方法，我们做出的那些改变已经将心力消耗光了，然后我们在做具体事情上就会心力不足，往往这个时候就容易放弃。即便是意志力很强的人，在接触和试用一个机械化的新方法时，也会有意志的消耗。

用手账管理时间是右脑驱动的方法。简单到有一张纸、一支笔，我们就可以开始写。从七八岁的小学生到七八十岁的老人都可以写。这跟意志力强弱没有关系，跟性格外向还是内向也没有关系，跟学历高低和掌握知识的多少更没有关系，跟从事什么职业和阅历多少还是没有关系。右脑驱动的好处太多，大家可以通过阅读本书慢慢地体会。

左右脑驱动示意如图 1-2 所示。

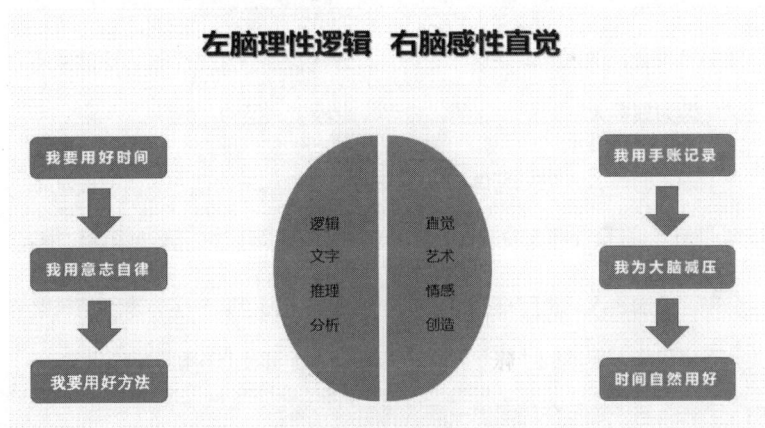

左脑理性逻辑　右脑感性直觉

我要用好时间　→　我用意志自律　→　我要用好方法

逻辑　文字　推理　分析　｜　直觉　艺术　情感　创造

我用手账记录　→　我为大脑减压　→　时间自然用好

图 1-2　左右脑驱动示意

学习用手账管理时间，可以过真正自由充实的人生。这值得每个人拥有！

手账，可以人手 1 本。

Tips 到底是"手账",还是"手帐"?

需要注意的是手账的"账",是账簿的"账"。

我们常说会计做账,就是这个"账",一个贝字旁加一个长。这需要特别注意,因为很多人常常把手账的"账",写成了帐篷的"帐"。

在中国古时候,人们把写满钱财收支的布帛挂起来管理,因而把日常账目称为"帐"。甚至伴随至今的非会计专业术语"挂账"[1]也一直被口语化用。

后来,中国古人又造了形声字"账"(繁体字为"賬"),表示与钱财有关。而早已传入日本的"帐"字却一直被使用。即使在中国国内的漫长历史中,"帐"与"账"在民间也一直被混用。

2002 年 3 月 31 日,中国教育部与国家语言文字工作委员会公布《第一批异形词整理表》,其中明确将"帐"字专用于布类等制作的遮蔽物,如"蚊帐""青纱帐";"账"字用于资金和货品出入的记载,如"账本""记账"。

---

1 "挂账"不是会计专业术语,但经常被很多会计人员口头使用,一般指确认某会计要素、会计科目的意思。

虽然《第一批异形词整理表》是引导性而不是强制性的国家文件，但在 2002 年版的《现代汉语词典》中，就将"帐"与"账"的使用做了明确区分。

后来，新华社发布的《采编人员手册》里进一步说明：表示"财务记载"和"债"的义项时，不能再写为"帐"。中国国家语言文字工作委员会发布《图书编校质量差错认定细则》，对"欠账（帐）、账（帐）簿"等继续明确，并特别说明"括号里的字是错的"。

账 ✓ 帐

（手账的"账"，是账簿的"账"）

汉语中的"账"在日语中依旧翻译为"帐簿"。"手账"一词由日本发明，在日本汉语中却一直使用繁体字的"手帐"。手账文化刚在中国兴起时也被称为"手帐"。那个时期正好是电子计算机与智能手机普及的阶段。很多人在使用拼音类输入法时，也就稀里糊涂地不管是"手账"还是"手帐"，哪个词在前面就飞快地输入哪个词，因而大量出版物里出现了"手账"与"手帐"不分的现象，这又进一步加剧了很多用户和读者的困惑。

2016 年版的《现代汉语词典》中虽然还没有出现"手账"一词，但明确将"帐"字专用于布、纱、绸等做成的遮蔽用的东西。从基本逻辑上讲，正式出版物中出现"手帐"一词是错误的。

　　中国传统历来讲究"书同文，车同轨"。按照"蝴蝶效应"，在手账文化会越来越流行的时候，一个字的差异会造成很多预想不到的影响。有的影响会波及相关产业的壮大与创新。因而，对具体一个字的"较真"反而是很有必要的。

　　谨记，正确的写法应为"手账"。

第一篇

开　源

第 2 章

1-3-6 原则：
我每天使用的
3 本手账

—

工作手账、随身手账和时间管理手账，是我每天使用的 3 本手账。

手账行为包括计划、记录、翻看，这三类事情的精力占比是 1:3:6。

工作手账、随身手账、时间管理手账

我每天使用 3 本手账。

第 1 本是工作手账。这本工作手账是一个活页本，可以随时增加或替换内页。它的尺寸是标准的 A5。读者朋友可以拿一张 A4 纸，从长边一侧中分对折，就是 A5 尺寸的大小。

我主要在工作手账中存放较为正式的工作内容。例如，具体的工作项目资料，要开发制作的内容素材，一些参考资料，一些整理的笔记，还有一些基本的人、财、物管理信息。

这本工作手账一般被我放在办公桌上。当参加重要的会议或约谈时，我也会带着这本工作手账。有时候，我也需要把工作带回家继续做，工作手账就会被我放进公文包带回家。

第 2 本手账是随身手账。这本随身手账也是一个活页本。它的尺寸比 A7 稍大一点儿。把一张 A4 纸对折后，再对折两次，这就是 A7 的大小。我每天 24 小时都把随身手账带在身边，主要用它随手记录一些简短的笔记、待办事项，或者脑袋里突然冒出来的一些灵感。在工作、会谈、调研、读书或查看手机时，我都会随时在上面做记录。除了记录和翻看，随身手账有时候还能起到社交道具的作用。

举个例子。

基本上每个人都能想象到这样一个场景：在与客户会谈时，有时会遇到客户突然接电话的情况。

如果会谈比较正式，而客户不得不接电话，你却不知道等待客户接完电话需要多长时间，那么这个时候最难熬。

如果你也拿出手机开始浏览信息，那么会显得很轻佻，甚至是不礼貌的。如果你拿出本书来读，或者这个空当做点儿别的工作，也不合适。

当然，你也可以什么都不做，但脑子却开始开小差。这样的话，当客户接完电话再与你继续谈话时，你的思绪需要被拉回来，其实又耗费了一定的时间。虽然客户不说，但能感觉出你的不尊重或者叫"不专业"。

我跟客户会谈时都会打开随身手账，随时在上面记些会谈的要点。每次会谈前，我都会事先拟定这次可能要谈到的内容。在去会谈的路上，或者等待客户来的时间里，我都会先翻一下这个随身手账，为会谈做准备。

在会谈中，如果客户遇到一些突发的情况，突然要接重要电话，或者必须要中断以便办一些紧急的事情时，如去一下厕所、帮我倒一杯茶、有一个紧急的文件要签字等，那么这时我就翻一下随身手账，从当前记录的页，往前一页一页地慢慢翻看，这样既能保持精力聚焦在当前会谈的事情上，又能给客户一些尊重感。在一定程度上，这还会潜移默化地给客户一种礼貌的"催促"。

大家可以想一下，如果你用 A4 大小或者 A5 大小的笔记本，在这个空当去翻的话，那么翻看一页的时间会比较长。如果你一页没看完，就哗啦哗啦地往前翻，那么给客户展现的是你的不耐烦。而 A7 大小的本子，一页顶多几十个字，轻轻地往前翻，这时展现得很自然、没有违和感。这是最佳的效果。

约谈式咨询也是我的日常工作形式之一。这跟律师会谈的形式一样，按小时计费。但每次约谈，客户都感觉物超所值。其实，很多价值就是从细节上体现的。为了保持高效能，很多宝贵的时间也都是从细节上抠出来的。

我使用这本随身手账的主要目的，就是为了把所有的细节管理起来。我把这本随身手账也称为"口袋手账"，因为这个大小可以放进西装口袋，或者可以放在公文包的外侧夹层，随时都能拿出来翻看或记录。哪怕在夜里要睡觉时，我也会把它放在枕头边。我反而不会把手机带进卧室。

我的第 3 本手账是专门的时间管理手账。我在时间管理手账里，将每天 24 小时用来做了什么全部记录下来。还没做、但是已经纳入计划要做的事情，我也预先记录到里面。

这本手账是一个定页本。也就是说，手账的页数是固定的。它里面最主要的是有两套计划表。

一个是月计划表，每年 12 个月，就是 12 个展开页。月计划表就是每月的 30 天或 31 天，每天一个方格，可以把这个月具体到某一天的计划事务写在里面。月计划表的样子就跟大家能在各种地方看到的月历表的样式一样（见图 2-1）。

周一	周二	周三	周四	周五	周六	周日
1	2	3	4	5	6	7
8	9	10	11	12	13	14
15	16	17	18	19	20	21
22	23	24	25	26	27	28
29	30	31				

图 2-1　月计划表

另一个是周计划表。每年约 52 周，每周 1 个展开页。在周计划表里，横轴是每周 7 天，纵轴是每天 24 小时，可以看成 7×24 个单元格。每天具体到几点钟的计划事务，可以直接写在对应的时间单元格里（见图 2-2）。

我用的这本时间管理手账是一个日本品牌按年度出品的手账。每年用 1 本，年底换下一年度的新品。这本时间管理手账里有整年的月计划表和周计划表。我已经使用和积累了很多本，因为习惯了就一直没有换其他品牌的手账。但是这种日本品牌的时间管理手账也有不方便的地方，如全是日文印刷。日本按月、火、水、木、金、土、日去区分周一到周日。这种手账里出现的是日本的节假日，还没有中国的农历和法定节假日。这些都非常不方便。现在国内也有做文具的厂商，仿制一些日本文具品牌出品了类似的时间管理手账。这类国内出品的手账相对有一些改进，部分功能还是可圈可点的。

	周一	周二	周三	周四	周五	周六	周日
0:00							
1:00							
2:00							
3:00							
4:00							
5:00							
6:00							
7:00							
8:00							
9:00							
10:00							
11:00							
12:00							
13:00							
14:00							
15:00							
16:00							
17:00							
18:00							
19:00							
20:00							
21:00							
22:00							
23:00							

图 2-2　周计划表

其实，专门的时间管理手账，不限于具体要用哪个品牌。没有一个品牌是绝对完美的。对所有想做时间管理的用户来说，即使不买专门的手账，就是在几张纸上自己画出月计划表和周计划表，也一样能够高效地管理时间。

专门的时间管理手账，至少得有以下两个重要的部分：月计划表和周计划表。另外，就是周计划表上一定要标记出每天 24 小时的时间刻度。因为这样可以统计人的时间是怎么用的，每周、每月花费在不同事务上的具体时间是多少。只有将时间用清晰的量化数字算出来时，人才能够真正地掌握时间管理。这就是用手账管理时间的重要特点之一——可量化。在可量化的基础上，才能做到可统计、可还原、可复盘、可评价、可迭代。

我一般将时间管理手账放在公文包里。如果在办公室里，那么我就将时间管理手账从公文包里拿出来放在办公桌上的固定位置。如果在家中，那么我会将时间管理手账放在书桌上的固定位置。虽然有些时候我也把随身手账放在公文包中，但随身手账一般是被放在包的外侧夹层，这样便于我更快地拿出随身手账使用。而时间管理手账是被放在公文包主袋里面。

只有 1 本时间管理手账不够用

专门的时间管理手账，是本书讲解的重要部分。然而，时间管理是一个综合的概念。我们既要管理好具体时间计划，也要管理好精力，还要管理好物品与思绪，以减少寻找物品和回忆思绪的时间。因而，只有 1 本时间管理手账不够。我用的第 2 本手账，也就是随身手账，实际上起到了大脑减压的作用。随身手账可以随时为大脑减压，以保持精力的盈余。

大家不要相信自己的大脑是万能的、无限的。心理学中的艾宾浩斯遗忘曲线，指出人类大脑的遗忘率是随时间流逝而先快后慢的。人看到、听到或感知到的东西，在刚刚识记的短时间里遗忘最快。因而，对于听到、看到的一些重要的东西，或者一闪而过的灵感念头，我们需要赶快拿起笔记下来。字迹潦草或者语句不通顺，都没关系。只要记下来，就不怕被遗忘。

如果不记下来，等到要用的时候，那么就得使劲儿去想当时是怎么回事，当时听到、看到了什么，当时自己一闪而过的念头又是什么。人脑一旦陷入寻找和回忆，就会白白浪费大量时间。

在同样风靡全球的"极简主义"风潮中，就有人估算过，普通人一辈子里有 1/3 的时间都浪费在找东西上。这些浪费的时间，有绝大部分是浪费到人在自己脑海里找各种记忆和念头上。这就是造成人的工作效率不高的根本原因，这也是直接造成人生质量降低的根源之一。

要想避免这种情况，大家就不要什么东西都往自己的脑子里塞。人要想随时给大脑减压，最简单的方式就是依赖纸和笔这样的基本工具。随时做记录，记得越多、记得越有条理，人脑就能越轻松，从而越能保证精力不浪费在无意义的寻找和回忆上。

如果没有工具承载的时间管理方法，那就是纸上谈兵。人要做时间管理，人要保持高效能，需要依赖纸和笔。人在正常做某件事情时，总会遇到要寻找各种信息、念头或者寻找一件具体物品的情况。不管有形的物品还是无形的念头，如果打开手账下意识地翻到整理好的那一页，那么人一下子就能找到所需要的东西，从而立即结束寻找这个行为。这样，人基本上不怎么打断大脑里的思路，接着就能往下推进直接产生成效的事情。

例如，我在第 1 本手账，也就是工作手账中，除了管理工作内容，后面一部分管理的是人、财、物信息。人、财、物，也就是人际关系、财务、物品。物品分好几类，分别是几个列表。在办公物品列表中，就连有几支笔、几支笔芯、几瓶墨水我都会列出来。生活物品列表中，有几件夏季衬衣、几双冬季穿的鞋我也会列出来，还有它们都各自存放在什么位置。在我需要找某件物品的时候，如果一时忘记存放在什么位置了，那么就翻开工作手账看一看，找到物品的存放位置，然后直接过去就可以拿到了。

时间管理手账主要用于大块时间的管理。如果是自己能预料的事情就以计划的形式写入时间管理手账，而自己做过的事情也记录进时间管理手账。当人一开始使用时间管理手账时，难免有不知道如何写计划的情况。人刚开始使用时间管理手账不需要写计划，只将做过的事情写进时间管理手账即可。随着记录做过的事情的次数越来越多，人自然就会做计划，慢慢地就能过渡到要做某个事情时先做计划的阶段。

工作手账和随身手账用于管理具体的事务、思绪和物品。以物品列表为例，一开始也不需要拿出几天的时间来做整理，只需要想到什么就记录下来，当有点时间时就把记录下来的东西做整理，慢慢地也能做到任何事物都可以管理。

3 本手账的作用示意如图 2-3 所示。

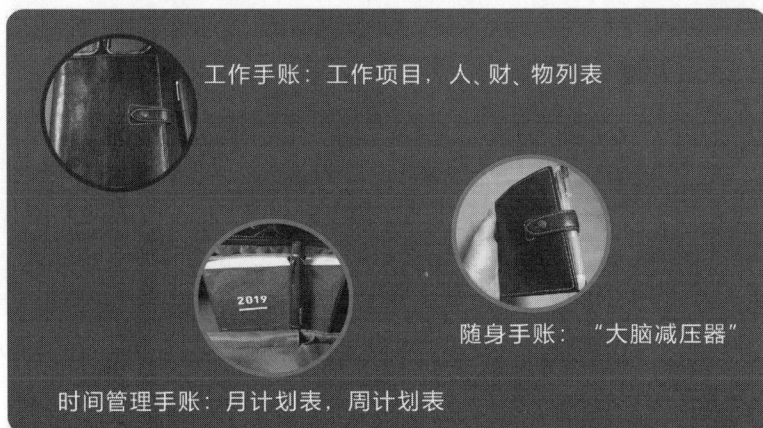

图 2-3　3 本手账的作用示意

凡事都有计划，任何事务都有管理，只要做到这两点，大家就会发现世上没有难事。所谓难事，都是由一件一件微小的事情组成的。从小的地方着手，从容易的小事开始做，坚持成习惯，人就能做大事。

1-3-6 原则

　　在工作手账、随身手账、时间管理手账这 3 本手账中，时间管理手账可以看做 3 本手账的中心。在完成一些复杂事务或工作时，往往需要 3 本手账配合使用。在 3 本手账配合使用中有 3 个具体的操作，分别是做计划、做记录、翻阅翻看。

　　当大家比较顺手地使用手账时，计划、记录和翻看的理想占比应是 1:3:6。这就是手账的"1-3-6 原则"。

---

1 分精力做计划，3 分精力做记录，6 分精力做翻看和定期复盘。

　　这是我积累了很多年的手账使用经验之后，梳理出的一个非常有效的原则。

　　打个比方，如果用 10 分钟做了一个计划，并将这个计划以待办任务列表的形式写到手账[1]里面，那么在执行这个计划的时候，得用 30 分钟来做各种记录。

---

[1] 根据计划事务的不同，正式工作计划写进工作手账，一般事务计划写进随身手账，需要外部协助的计划写进时间管理手账。

　　大家还是不要太相信自己的大脑，大脑真的很累，得习惯时刻给大脑减负。在计划执行中，每个步骤的完成都做记录。我们不但要记录下"完成"，而且要对刚刚做的这个步骤做一下评价和思考。完成得怎么样？是彻底完成还是留个尾巴？是否有后续需要改进的地方？获得感是什么？这些都可以记下来。我们就是拿起笔在随身手账上写几个字，就做到了步骤完成的记录。当整个计划执行完，也得做记录、做评价、做思考。

　　一定要相信记录的力量。尤其是在解决复杂问题或处理棘手工作时，就要做记录，把脑海里的东西都用文字写下来，自动就会得到最优解。在任何时候，计划不是制定出来就会自动执行的。在做的过程中，时刻不要忘了记录。在记录的同时，自然就会翻看前面的记录，甚至会修正原先的计划。

　　手账管理时间的核心是做记录。

---

　　10 分钟做计划，30 分钟做记录，当整个计划执行完，这个工作可能阶段性结束。那么至少还会有累计 60 分钟的翻看时间（见图 2-4）。事情做完要翻看，整个工作的复盘要翻看，每周、每月、每个季度、每年去做阶段性的复盘回顾时也要翻看。再遇到类似的工作时，还得翻看。

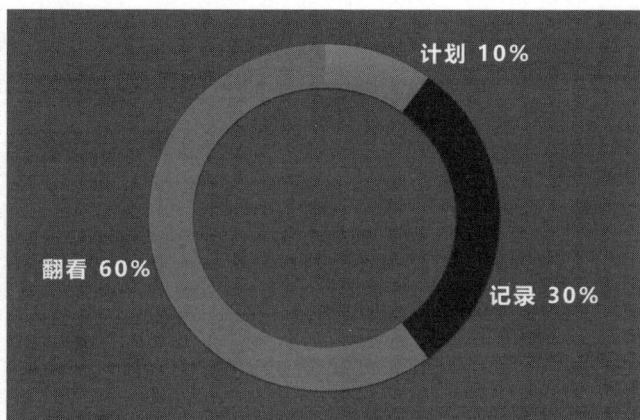

计划 10%

翻看 60%

记录 30%

图 2-4 1-3-6 原则

这就需要大家一定要搞明白一个道理，手账不是写完就可以了。手账本一合放在那儿，不产生任何价值。手账是用来翻看的。我们应不断翻看自己的记录，翻的次数越多，就对自己越了解。自己的能力有多大？自己的单位时间产出是多少？什么时间段是自己精力最好的时候？自己的知识结构是否完备？自己的短板又在哪儿？自己需要寻找什么外部资源？自己能调动的人际关系、财力、物资各是怎样的？这些问题在不断翻看自己的手账记录时都能逐步思考清楚。翻看手账是一个反复思考的过程，也是最有用的心智成长过程。自己记录的手账可以多翻几遍，翻看越多，人的成长就越快。

只要手账上有了大量的记录，以前只能通过人脑和经验模模糊糊做定性的方式，就能转为做有依据的定量评估的方式。

计划制定出来不会自动执行。计划执行中要在手账上做记录。

记录是使用手账的核心操作。整个用手账管理时间的方法，精简到 2 个字就是：记录。大量的记录是为了让自己不断地翻看。

计划、记录、翻看，分别占比是 1:3:6。其中，核心是记录。

这就是 1-3-6 原则。

用手账管理时间是右脑驱动的方法，是不需要过多耗费意志力的方法。

用手账管理时间的关键，一个是做记录，另一个就是 1-3-6 原则。

要学会疯狂地做记录，尤其是当自己的工作和生活都没有起色，自己的思路又一团糟的时候。什么都不要多想，就是写与记。写和记东西，再用在书写和做具体事情时花费的两倍以上的时间来翻看，工作和生活逐渐地就能好起来。习惯了这个过程以后，再养成用大约做具体事情 1/3 的时间做计划。这基本是用手账管理时间的全部关键内容。

时间如捧在手掌中的流沙，攥得越紧，流失得越多。

有的人特别看重时间，习惯用左脑驱动的方法来管控时间。问题恰在于，其中有的人将这种左脑驱动的"自律"搞成了强迫症，不但强迫自己还自然地"强迫"别人。这个时候，虽然时间可能是管理好了，但是人际关系却疏远了，而财富更是绝缘了。这就是"假装"做时间管理。

要真正地管理好时间，需要一定的智慧。管理时间也是一门非常特殊的艺术，要做到通透、自然、游刃有余，既要给别人留有余地，也要给自己留下空间，这样的时间管理才是持久有用的。这需要审慎评估左脑驱动的机械化方法，适时培养直觉思维发达的右脑驱动方法。

用手账管理时间，就是这样的右脑驱动方法。

第 3 章

时间管理的
精髓——时间轴

一

时间轴是用手账管理时间最基础的要素，也是所有时间管理方法的精髓。

用手账管理时间的基本操作，就是在时间轴上做计划、做记录，并不断翻看。

时间轴的 3 个功能

时间轴是用手账管理时间最基础的要素。有多基础呢？就跟 1+1=2 一样。数学世界再复杂，但从根本上来讲也离不开 1+1=2。

简单地说，时间轴就是画一条竖线并将其平分为 24 段。每一段左边，标上 0~24 的数字。这表示从每天的 0 点到 24 点，一共 24 小时，也就是 24 行。然后我们在竖线右边，对应的时间段里，写上干了什么。例如，从 6 点到 7 点是"晨跑"，从 7 点到 8 点是"吃早饭"，从 8 点到 9 点是"乘车上班"（见图 3-1）。

这就是最简单的时间轴。在什么时间段干了什么事情，一目了然。

那么我们接下来画一个表。这个表纵向分 7 列，横向还是分 24 行。7 列的上边，分别标记周一到周日。24 行的左边，还是标记 0 点到 24 点。这就是一周的时间轴。

大家注意，从一条线变成一个表的时候，很多神奇的功能便会出现。

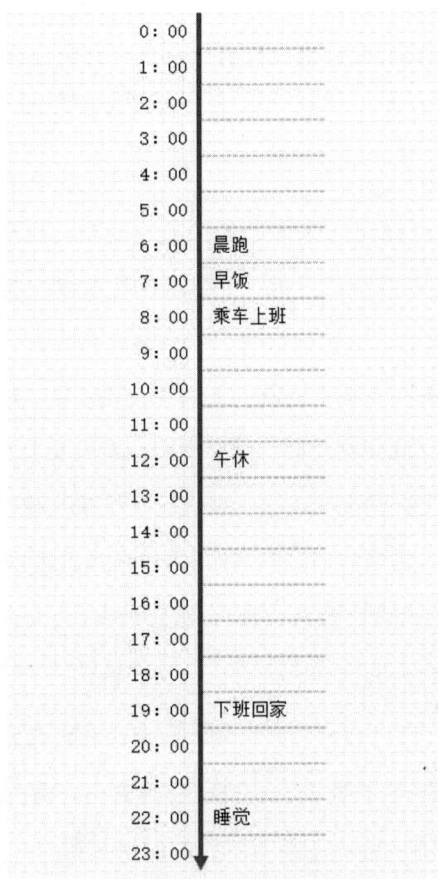

```
0:00
1:00
2:00
3:00
4:00
5:00
6:00    晨跑
7:00    早饭
8:00    乘车上班
9:00
10:00
11:00
12:00   午休
13:00
14:00
15:00
16:00
17:00
18:00
19:00   下班回家
20:00
21:00
22:00   睡觉
23:00
```

图 3-1 时间轴

首先，我们可以用它来做对比。例如，从周一到周五，唯独周二这一天的早上下雨，结果没有晨跑。因为下雨，又没有跟往常一样挤地铁，而是打车去上班，结果只用了半个小时就到办公室了。没有晨跑，多出了一小时。打车上班，又多出了半小时。与平时对比，周二这一天多出了一个半小时。这一个半小时就可以干别的什么事情。

其次，我们可以用它来做统计。例如，每天上班下班各花 1 小时，每天 2 小时在上下班的路上，每周 5 天，2×5，一周就是 10 小时。

还有，我们可以用它来做趋势预测。例如，往常每天固定晚上 10 点睡觉，但是从周二开始，一部新的电视剧开播了，为了追剧晚上 11 点才睡觉，这比往常晚了 1 小时。从周三开始，不但要追这部剧，还想去网上看看网友们怎么评论这部剧，结果直到晚上 11 点半才睡觉，又晚了半小时。到了周四，不但要上网看这部电视剧的评论，自己也在网上写下了一些评论，结果是夜里 12 点才睡觉。这比往常晚了整整 2 小时。原先夜间的睡眠时间是 8 小时，结果因为一部新的电视剧，就将睡眠时间缩短成了 6 小时。其中，追剧要 1 小时，看网上的评论半小时，写评论又耗费半小时。

这时我们就可以做趋势预测。如果接下来又有另一部新电视剧开播，这部新剧也很吸引人，自己也想去追，看完新的一集，又想看评论，又想写评论，那么累计又得再耗费 2 小时。这个时候，再往后延迟睡眠时间，就得凌晨 2 点才睡觉。而早晨如果还是得在固定时间起床的话，那么睡眠时间就只有 4 小时。接下来，如果又有两部更吸引人的新剧开播，那么坏了，余下 4 小时的睡眠时间都会被占用。熬夜追剧的结果就会变成整夜都不能睡觉。将追剧换为其他事情做预测分析是同样的道理。例如，读书、玩游戏、开头脑风暴会议、开设子公司多赚钱等。

在很久以前，我也亲历过这样一件事情。在一段时间里我特别沉迷于高阳的小说。我第一天晚上读了整本书的 100 多页，第二天晚上读了 200 多页，第三天读了更多，结果便是睡眠时间越来越少。直到有一天通宵阅读，一夜没睡，洗把脸就开车往办公室赶，白天工作时的精神状态自然不佳。这时我意识到自己出了问题，并及时止住了差点失控的状态。

　　如果时间轴扩展成一个每周 7 天的时间轴表，就可以做对比、统计、趋势预测（见图 3-2）。如果每页画 1 个一周 7 天的时间轴表，然后复印 4 张，那么这就是一个月的时间轴表。复印 52 张左右，那就可以作为一年的时间轴表。如果把这一年的时间轴表装订起来，那么这就是一本时间轴手账。

	周一	周二	周三	周四	周五	周六	周日
0：00				睡觉	刷评论	追剧	追剧
1：00					刷评论	刷评论	追剧
2：00				睡觉	刷评论		刷评论
3：00						刷评论	刷评论
4：00					睡觉	刷评论	刷评论
5：00							刷评论
6：00	晨跑	（空）					
7：00	早饭						
8：00	乘车上班	打车上班	乘车上班	乘车上班	乘车上班		
9：00							
10：00							
11：00							
12：00	午休						
13：00							
14：00							
15：00							
16：00							
17：00							
18：00							
19：00	下班回家	下班回家	下班回家	下班回家	下班回家		
20：00							
21：00							
22：00	睡觉	追剧	追剧	追剧	追剧	追剧	
23：00		睡觉	刷评论	追剧	追剧	追剧	

预测　对比　统计

图 3-2　一周时间轴表

我们可以在 Excel 软件里做一周的时间轴表，然后打印 52 张左右装订起来，也是一年的时间轴手账。

当然，最简单的方式就是直接买一本现成的时间轴手账。一般欧洲或日本品牌的时间轴手账，其购买价格大约是人民币几百元，而国产品牌的时间轴手账只需花费几十元。

文具厂商售卖的手账，基本上分为两类。一类是一日一页，上面印有日期，基本上就是记录日记的形式。另一类是时间轴手账。一日一页的日记型手账的优点是可以写很多字，但不方便做时间统计。时间轴型的手账写的字少，在对应的时间方格里写上干了什么事情也就是几个字。但是，时间轴型的手账可以方便地做各种时间对比、统计和趋势预测。

可能有读者朋友会问：现在各种智能手机、平板电脑、数码设备都很方便，那直接在一些软件 App 里做时间记录不就可以了吗？

确实可以。然而，那种书写的感觉就会没有了。

在一般情况下，亲自动手写东西是培养右脑思维的最好方式。很多的认知、判断、决策，一旦被一种直觉思维启动，产生的作用与效果就会非常不同。

一次记录不超过 5 个字

现在大家已经知道了时间轴表，就是一周 7 天是 7 列，每天 24 小时是 24 行。

某一天里某一个小时做的事情，就在这个小时的对应方格里，写上做了什么。注意字数一般不要超过 5 个字。字数太多会显得凌乱。不要超过 5 个字这个原则，比较重要。

一些在大段时间里做的事情，例如从下午 2 点到下午 5 点是在会议室开会，那就可以从下午 2 点的方格到 5 点的方格，靠左侧画一段双箭头的竖线。然后在下午 2 点到 5 点方格的中间，大约也就是 3 点方格的位置，写明开什么会。

还有一些事情是半小时内做的。例如，晚饭后从 7 点半到 8 点散步半小时。从晚上 8 点到 8 点半做了半小时瑜伽。晚上睡觉前，从 9 点半到 10 点，洗漱、洗澡、做睡前准备等用了半小时。诸如此类的情况也很多。

在这个时候，我们就得要扩展时间轴表，要变成每半小时的时间刻度，作为一行。原先一天 24 小时是 24 行，现在变成一天 48 个半小时是 48 行。

实际上，如果我们用某一款的品牌手账，那么我们会发现基本上都是以半小时作为一行的。8 点到 8 点半做了半小时瑜伽，那就在对应的这个半小时方格里写上"瑜伽"。这些品牌手账做成半小时一行有着精心的设计考虑。因为人的一般独立性事务，大多是半小时左右就可以完成的。换言之，凡是超过半小时的事务，我们都应记录在时间轴手账里。

超过半小时的事务都应记录进时间轴手账。

如果用现成的品牌手账，那么大家会发现不是都分 48 行。例如，我用的时间管理手账，从夜里 0 点到早晨 7 点是按小时分的 7 行，而从 7 点一直到这天的夜里 0 点是半小时一行。其中含义不言而喻。一般情况下，夜里 0 点到早晨 7 点是在睡觉，从 0 点到 7 点画一个双箭头的竖线段，然后写上"睡觉"两个字就可以了。

时间轴手账写久了，也可以把双箭头的竖线改为单箭头竖线。

手账是给自己看的。只要任何时候翻阅起来，自己能看懂即可。可以不用特别规整。

有些品牌的时间轴手账，从夜里 0 点到早晨 6 点是按小时分

行的，从早晨 6 点到下午 6 点是按半小时分行的，而从下午 6 点到夜里 0 点又是按小时分行的。

还有的品牌出品的时间轴手账是一天 24 小时，就只分了 24 行。

不同品牌的时间轴手账里，具体的时间刻度样式各自不同。即便如此，也请各位读者朋友留意这个原则——每次记录尽量不超过 5 个字。字数太多会凌乱，既不方便日后的翻看复盘，也不方便做对比、统计和趋势预测。

每次记录尽量不超过 5 个字。有几个小技巧：

1. 省略动词。例如，"开××会"写成"××会"，"工资到账 1 万"写成"工资 1 万"。

2. 日常固定事务，省略事务名称，直接写内容。例如，"睡觉 7 小时"写成"7 小时"。

3. 一看就明白的事务，省略事务名称，直接写内容。例如，"看电影《流浪地球》"写成"《流浪地球》"。

大家也可以根据自己的思维习惯，摸索出适合自己的技巧。原则上，任何时候翻看手账，只要自己能看懂即可。

另外，一些大段连续时间里做的事务，在往时间轴手账里记录时，也可以写较多字，甚至可以将内容要点罗列进去。

例如，上午 9 点到 12 点开了项目启动会，就可以在 9 点到 12 点之间画一个单箭头。然后，在 9 点到 12 点之间罗列要点：

1. 3.5—6.15（意思是"项目从 3 月 5 日开始到 6 月 15 日结束"）

2. 小组 100 万（意思是"小组的利润目标 100 万元"）

3. 奖 10%（意思是"完成目标，利润的 10%为项目奖金"）

时间轴上写 3 样东西

时间轴型的手账里一般有 52 周左右的时间轴表。时间轴表里写 3 样东西：第一个，计划；第二个，记录；第三个，钱的收支。

让我们以 1 个一周的时间轴表举例，来说明做法。

如果计划周六上午去图书馆看书，图书馆是 9 点开门的话，那么就可以在周六上午的 9 点到 12 点这 3 个方格的中间，大约是 10 点的方格里，先画上个小方格，然后后面写上"图书馆看书"5 个字。

待到周六上午在图书馆看完书了，就直接在前面画的小方格里画上一个对钩，这表明已经按照计划执行了。这就是时间轴上的计划与执行。

如果周六这天睡了一个懒觉，结果原计划上午去图书馆看书没有执行，那么就直接将"图书馆看书"这 5 个字，连同前面画的小方格，用笔从文字中间画掉。这表明没有按计划执行。只划掉还没完，还得在 9 点或 11 点的方格里写上"睡了懒觉"几个字。这就是时间轴上的记录。

如果周六上午睡了懒觉，然后把去图书馆看书挪到了下午 2 点到 5 点，那么除了画掉上午的图书馆看书计划，还要在下午的 2 点到 5 点的中间位置用双向箭头标记出这个时间段，再写上"图书馆看书"。这也是时间轴上的记录。

时间轴上的计划与记录，区别是计划的前面画个小方格。非计划内的事情记录，则只需要将干了什么写在对应的时间方格里。写一个计划或写一个记录，都尽量不超过 5 个字。

在时间轴表中，写的第三个东西就是钱的收支。例如，周二中午的 12 点，吃午餐花了 30 元，那就在"吃午餐"几个字后面写上"30"这个数字。

在周五的晚上，逛超市买了些用品花了 100 元，那就在"逛超市"后面写上"100"。

在周日的下午，看电影花了 50 元，那就在"看电影"后面写上"50"。

甭管这些花销是通过哪种支付方式，如刷卡支付、手机支付、现金支付、转账支付，只要是实际支付的花费，就在对应的记录后面写上数字。

这样的做法是为了方便每周统计花销情况。

还信用卡的钱，还支付宝花呗的钱，还京东白条的钱，这些也可以写上数字。这些属于自己内部账户间的转账，在每周做花销统计时，不要把这些内部转账数字记录进一周花销总额中。

除了花销，收入情况也要记录数字。例如，周二发了工资，银行卡里被单位汇进了 1 万元，那就在几点到账的方格里，写上"工资到账"，后面写上数字"10000"或"1 万"。

再如，周三自己的账户收到汇入的稿费 5000 元，那就写上"××稿费"，后面写上数字"5000"或"5 千"。周四如果收到基金理财分红 2000 元，那么就写上"基金分红"，后面写上数字"2000"或"2 千"。甚至在一些二手物品交易的网站上，卖出一些旧物品，收到钱后，写上"××转让"，后面写上具体的钱数。

注意：

收支数字计入整数。如果某一笔收支数字有零有整，那么可以对小数点后的数字四舍五入，把得到的整数写在时间轴上。

例如，淘宝下单买某件商品花了 99.29 元，将数字"99"写入时间轴即可。

总之，所有的收入都做记录，所有的支出也都做记录。这样做的目的，就是为了便于做收支的统计。

可能有读者朋友会问：不是讲用手账做时间管理吗？怎么还要记录并统计收支情况呢？

一方面，手账能做的事情很多，做时间管理只是最重要的功能之一。手账还能做财富管理，财富管理的基础就是收支情况的如实记录。什么时候收到钱？什么时候花掉钱？这都是最基本的记录。

另一方面，还需要再重述一下：手账除了用来做时间管理，还能用来做人、财、物的管理，也就是管理人际关系、管理财务、管理物品。人际关系、财务、物品，哪一样都跟时间管理挂钩。

例如，本书已讲到，如果我们要用到一件具体物品，但是忘记它放在哪儿了，结果找这件物品就花费了 1 小时，那么这 1 小时就白白浪费掉了。如果这件物品的大体存放位置，之前已经被记录进手账，需要这件物品时，万一我们想不起来它被放在哪儿，那么可以直接打开手账，查到它的位置。我们用不了 1 分钟，走过去就可以把它拿过来。这就避免了浪费掉 1 小时！

人际关系、财务也是一样的道理。看上去平时不需要太留意的东西，一旦到使用的时候却得去找，那么不但耽误时间，还可能浪费金钱。

时间轴上写 3 样东西：第一个，计划；第二个，记录；第三个，钱的收支。

其中，最重要的还是做记录。只有做记录，做好记录，才能做到可统计、可还原、可复盘、可评价、可迭代。这 5 个"可"，都是在手账中做记录的基础上才能够层层递进去做的。做记录的基础是时间轴。记日记的形式很难产生逻辑上可靠的进一步加工，用时间轴的方式却可以做到。因而，时间轴是时间管理的精髓。

本书第 2 章讲到的"1–3–6 原则"中，手账行为的计划、记录、翻看这三类事情的精力占比是 1:3:6。本章讲到在时间轴上写计划、记录、钱的收支这 3 样东西。

虽然两章中都提到"计划"与"记录"，但它们的本质含义有所差别。

首先，"1–3–6 原则"不仅针对时间管理手账，还包括随身手账和工作手账。时间轴上写计划、记录，仅限于时间管理手账。

　　其次，"1-3-6 原则"中的"计划"，包括构思计划的时间；"1-3-6
原则"中的"记录"，只包括记录这个书写操作的时间。时间轴上写计划与
记录，指的是计划与记录这两个具体操作中写的内容。

第 4 章

四象限降维：
用颜色区分
不同事务

　　重要紧急的事，用红色标记；重要不紧急的事，用蓝色标记；不重要紧急的事，用黑色标记；不重要不紧急的事，用绿色标记。

　　涉及金钱或机会的事务，用红色标记；工作相关的事务，用蓝色标记；日常事务，用黑色标记；休闲娱乐类的事务，用绿色标记。

　　在最理想的情况下，红色、蓝色、黑色、绿色的占比分别是 1:5:1:3。

4 类事务

不少读者朋友可能对事务管理的四象限有所了解。人每天面对的事务，可以按照重要紧急、重要不紧急、不重要紧急、不重要不紧急画一个四象限。

我们在一张纸上，从中间画一条横线，再从横线中间画一条垂直的竖线。一张纸平分为 4 块，这就构成了一个四象限。

然后从左往右、从上往下，分别列出重要紧急、重要不紧急、不重要紧急、不重要不紧急这 4 类事务（见图 4-1）。

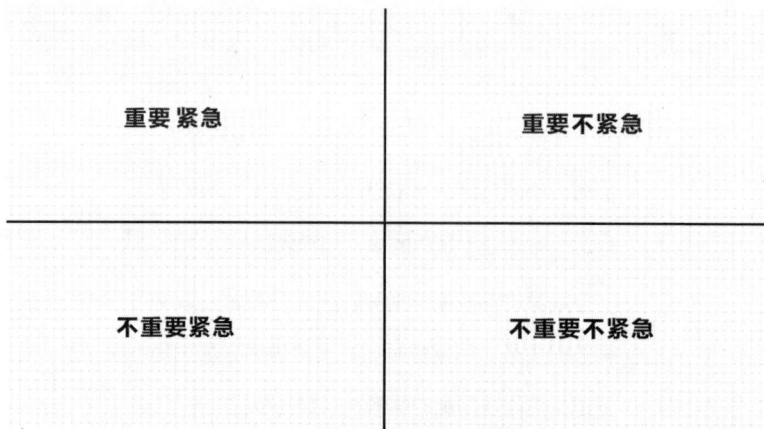

重要 紧急	重要不紧急
不重要紧急	不重要不紧急

图 4-1　事务管理的四象限

重要紧急的事务，是突然出现的须立即动手解决的事情，一般都有极短的限定时间。时间到了就必须完成这类事务，否则会有麻烦。这种麻烦往往表现为人、财、物方面的直接或间接损失。

重要不紧急的事务，是按计划执行的事情。例如，具体某项工作内容、要读的书、商务社交等。对个人来讲，定期打扫房间，按时洗澡刷牙，也算是这类事务。对公司来说，按计划开发产品，打磨核心竞争力的业务，都属于这类重要但不紧急的事项。

不重要紧急的事务，是突然出现的一般性事务。例如，突然接到的电话或微信消息，快递小哥送来了一个新包裹，一些临时性的会议，都是不重要但紧急的事情。对很多处于亚健康状态的职场白领来说，到了吃饭的时间吃饭，到了睡眠的时间睡觉，该运动的时候按时去锻炼身体，这些可以看成不重要但紧急的事务。

不重要不紧急的事务，是一些琐事，主要发生在生活中。例如，娱乐休闲，在智能手机上刷微博、看短视频或者在微信群里闲聊，一般朋友的聚会，甚至泡吧、休闲购物、看电影、玩游戏，这些都可以看成不重要也不紧急的事务。

需要特别注意的是，对不同的人、不同的职业或者同一个人的不同成长阶段来说，四象限里的事务如何区分不一定相同。

例如，去电影院观看一部刚刚上映的电影大片，对一般上班族来说，可能算到"不重要不紧急"一类里。如果对一名影视行业从业者来说，则至少要算"重要不紧急"这一类。

不同的人对 4 类事务的具体界定往往不同，有的差异巨大。

一般情况下，人们如果把每天要做的事情按照四象限分好类，那么可以先做重要紧急的事，在精力最好时做重要不紧急的事，在一些空当做不重要但紧急的事。如果还有空闲，那么再做不重要不紧急的事。

如果能做到这样的水准，那么会是比较理想的时间管理状态。

在时间轴上管理 4 类事务

本书第 3 章讲到了时间管理的精髓——时间轴。只要超过半小时做的事情，原则上都应写进时间轴手账。时间轴手账上除了做记录，更重要的功能是做计划。如果能按照四象限理论来将事务作为计划写进手账，那么会有助于达到理想的时间管理状态。

从抽象上看，时间轴是一条线。甭管是一天、还是一周的时间轴，都是一条方向向前的线。时间轴的特征就是线性往前推进。但是，将所有事务按照重要性和紧急程度绘制的四象限是一个平面。

如何将这个二维的平面，与一维的一条线结合起来呢？

很简单，得降维，把平面降维成直线。

可以用 4 种颜色的笔将四象限里的 4 种事情，在时间轴手账上写成待执行的计划。

我是这样用 4 种颜色的笔来写 4 种事情的计划：

重要紧急的事，用红色。

重要不紧急的事，用蓝色。

不重要紧急的事，用黑色。

不重要不紧急的事，用绿色。

为了省掉频繁换笔的麻烦，可以准备一支 4 合 1 的四色笔专门用来写手账。

本书第 3 章讲到，在时间轴手账上写计划，也写记录。计划与记录的区别是，计划的文字前面画一个小方格。如果按时执行完成计划，那么就在小方格里打个勾，标志着事情已完成。为写手账专门准备的四色笔，既可以用来写计划，也可以用来写记录。例如，重要紧急的事情往往大多是计划外的突发事务，在处理完成这种重要紧急的事情后，就用红色笔在手账上做记录。再例如，一些不重要但紧急的日常事情也没必要写计划，那就完成后用黑色笔写进手账。

用四色笔在手账上写计划，也可以写记录。

一周结束以后，我们在翻看这一周的时间轴手账时，看看上面不同颜色的事务分别占比多少。

在最理想的情况下，红色、蓝色、黑色、绿色的占比是 1:5:1:3。

如果翻看手账时发现红色的记录太多，那么一定要好好反省一下是为什么。看下是外部原因，还是自己的原因造成了需要"救火"的事情那么多。

如果蓝色的记录太少，那么也得思考一下是什么原因造成的，看下是不是有习惯性的拖延。

如果黑色的记录也很多，那么就要好好想想，是否自己的专注力或精力分配有问题。

如果绿色的记录几乎没有，那么更得好好检讨。因为绿色代表休闲，完全没有绿色记录那往往就是工作狂，没有绿色就是没有生活。把人生放长远一点来看，这是非常不好的状态。

不瞒大家说，很久以前，我曾经连续两三年就是这样的状态，一丁点儿绿色记录都没有。这种状态的弊端太多，后来经过调整慢慢地进行了改变。

最理想的情况是，除了睡眠，绿色要占到每周时间的 30%。如果少一点儿，那么 10%～30%也可以，最低不能少于 10%。每天除去睡眠的 8 小时，剩下的 16 小时里，10%大约是一个半小时。一定得有"绿色"时间，逛街、闲聊、聚会、听音乐，哪怕刷手机、玩游戏也可以。绿色时间可以少，但绝不能没有。因为人的大脑需要有张有弛，绿色事务就是为了缓释大脑压力，以便于人能恢复更好的精力。

16 小时的 30%，是四五个小时。对很多已经实现财务自由的人来说，每天用 4 个多小时做喜欢但无用的事情也很正常。

当然，绿色也不能太多。如果翻看一周手账基本上全是绿色记录，那么也有问题。这标志着一个人过于安逸。这种状态下人会变得松松垮垮。我们在这种懒懒散散的状态下待久了以后，就极其容易变成废人。

将"4 种颜色"活成哲学

其实，用 4 种颜色区分不同事务的思维方式，还能够广泛地应用在工作和生活中。

我日常使用的文具里，有好多就是按照这 4 种颜色进行配备的。我统一称它们为 4 色文具。

第 1 类 4 色文具，是 **4 合 1 的 4 色笔**。

我在写时间管理手账时，用的是一支 4 合 1 的极细圆珠笔，里面有红、蓝、黑、绿 4 种颜色的笔芯。

我在写随身手账时用的是一支 4 合 1 的中性笔。因为随身手账我是随时带在身边的，这支 4 合 1 中性笔就夹在随身手账旁边。遇到重要的机会、知识、语录、灵感时，我直接用 4 合 1 中性笔做记录。

遇到金钱、机会或特别有启发的东西时，用红色记。

遇到工作相关的事情，用蓝色记。

遇到一般事务性的事情，如一个临时电话号码、一个临时地址，就用黑色记。

遇到与休闲相关的、能让自己开心的事情，如一个美食攻略中提到的一家店，就用绿色记。

有时，有些事情一时难以区分到底属于哪类，那就先用黑色记下来。然后，在翻看或者整理的时候，再用其他颜色做标注。或者，直接在原先黑色文字上用恰当颜色的笔画个圈。

第 2 类 4 色文具，是**4 种颜色的荧光笔**。

荧光笔的作用主要是在读书、翻看文件时，随时在文字上做标注。

同样，遇到需要标注的内容，如果是金钱、机会、特别有启发的东西，那么就用红色荧光笔在文字上做标注。

如果是与工作相关的东西，那么就用蓝色做标注。一般有启发性的事情用灰色。为什么用灰色呢？因为荧光笔的颜色中一般不会有黑色，那就用个近似的灰色代替黑色。

如果遇到与休闲相关、能让人开心的文字，如一些典故、有意思的段落，就用绿色做标注。

另外，在时间手账上，我每周也会用荧光笔涂抹不同的事务，在本书的第 4 章专门讲述。

第 3 类 4 色文具，是 **4 种颜色的标签贴**。

标签贴也叫标签贴纸，是一种非常有用的文具，主要用于贴在书籍、手账、文件的内页边缘，方便直接打开到具体的页面。

我们经常会接触不干胶贴纸。标签贴与不干胶贴纸不同，它不像不干胶贴纸那样整个一面都是黏的，而是一面的一半是黏胶，可以贴在纸质物品上。胶也没有那么黏，可以随时把它取下来再贴到别的地方。另外，把有些厂商出品的标签贴上面，我们还可以方便地直接写字。

在读书或翻阅比较厚的打印文件时，标签贴非常有用。例如，我们读一本书时发现了重要的内容，就可以在这页的边缘贴上一个标签贴，在标签贴上简单地写几个关键字。这样以后可以随时直接翻到这一页。对于比较厚的打印文件也是一样的用法。

4 种颜色的标签贴也有同样的原则。

与金钱、机会相关的内容，我用红色标签贴。

与工作相关的内容，我用蓝色标签贴。

一般有启发性的内容，用橙色、灰色或其他颜色标签贴。

休闲、开心的内容，用绿色标签贴。

我读完一本书，或者翻阅完一份比较厚的文件，往往会在它的上边、右边或下边，贴上好几种颜色的标签贴。

我的工作手账、随身手账、时间管理手账上，也会在一些必要的页里贴上标签贴。这样做的目的是方便随时打开这一页，用最快的方式查看要找的信息。这也是增进时间管理效能的一项重要技巧。

第 4 类 4 色文具，是 **4 种颜色的书签。**

我储备了 4 种颜色的卡片，作为书签用。

读理财、效能类的书，我用红色卡片做书签。

读工作类的书，我用蓝色卡片做书签。

读一本社科、文化、历史、哲学等方面的书，我用灰色卡片做书签。

读散文、小说、生活方式类的书，我用绿色卡片做书签。

我在读书时会将什么时间读了第几页到第几页，直接写在这个书签卡片上。这样便于以后的统计和复盘。

此外，我日常使用的文具中，还有好几种也是用 4 色做区分。

如书衣、信封、墨水、文件夹、装饰性的麻线等，都配备了 4 种颜色。

除了为文具准备 4 种颜色，日常使用的其他物品，包括服装等，有些我也配备了 4 种颜色。例如，当参加一些重要的商务谈判时，我会系一条红色领带；日常上班穿蓝色西装；家中穿的家居服统一是黑色的；外出休闲时穿绿色条纹的 T 恤。再如，我日常还准备了 4 种颜色的毛巾：当健身锻炼时，用红色毛巾；当工作出差时，带蓝色毛巾；当在家中洗漱时，用灰黑色毛巾；当休闲旅游时，带绿色毛巾。

我们完全可以将"4 种颜色"活成一种哲学。

为什么要这样做呢？其实一点儿都不难理解。

首先一目了然。不管是看时间手账上的文字，还是查看书籍、日常使用的物品，看到不同颜色，就下意识地给出一个对应的视觉反射和思维定位。这既有利于直觉思维的训练，也有利于工作效能与生活质量的提升。

其次便于统计和管理协调。就跟时间管理手账上红、蓝、黑、绿 4 种颜色的理想占比是 1:5:1:3 一样，其他的事情或物品，也该有差不多的占比。

以读书为例。

与理财、效能相关的书不要太多，10 本书里有 1 本即可。励志书、鸡汤书、心理书甚至时间管理的书，都属于这类。这类书不能不读，也不能读太多，否则人的思维就会乱套。

人读的书里一半得是与工作相关的，这样才务实。

文史哲等方面的书需要读，但也不能读太多，除非是工作专业就是搞这个的。

一些休闲书刊、兴趣爱好类读物，包括网络上的文章、帖子、微博，大约占到人的信息阅读量的 10%~30% 即可。这是比较合理的区间。

另外，从色彩心理学角度来看，用红、蓝、黑、绿 4 种颜色区分不同事务也合理。红色，代表了应激。蓝色，代表了冷静。黑色，代表了平常心。绿色，代表了祥和。

红色往往会触发人的应激反应。例如，十字路口遇到红灯，开车久了的人不用思考就把车停下来。重要紧急的事务、金钱相关的信息、新的发展机会、重要的人际关系（贵人），用红色标注会非常醒目。

蓝色的环境更便于人的思考。重要的计划、工作相关的事务、战略发展的问题、能够真正产生价值的知识等，最适合用蓝色标注。

一些日常事务和一些不直接产生价值的东西，可以用黑色或灰色等相近色来标注。

绿色是一种生长色，让人安定松弛，并能唤起人的幸福感。与休闲兴趣相关的东西用绿色标注最为合适。

"4 种颜色"可以用来标注世界上的一切。

例如，它可以用来标注人际关系。

给自己带来重要机会的"贵人"标记为红色。"贵人"不一定是财富多的人，也不一定是权力大的人，有些时候可能是能力远不如自己的人。

与工作相关的人际关系，标记为蓝色。生活中家人和周围的人，标记为黑色。"知己"、好同学、好战友、兴趣圈的好朋友，标记为绿色。

用"4 种颜色"管理人际关系的更多内容，会在"用手账管理系列图书"的《用手账管理人际关系》中详细讲解。

再如，我们也可以用它标记财富，包括金钱、资产、可变现的影响力等。

具体以金钱来讲，一个自立又成熟的人，应把自己可支配的钱分为 4 份。

第 1 份，红色的钱。红色的钱用于应急，可以存储在可随时转为活期的定期账户里。不要购买不方便随时取用的基金和不动产。

第 2 份，蓝色的钱。蓝色的钱用于发展，可以进行资产投资、实业

投资，或作为自己的创业基金。一些重要的学习费用，也可以看成蓝色的钱，这属于知识投资。

第 3 份，黑色的钱。黑色的钱用于日常生活，主要用于基本的吃、穿、住、用、行，可以存储在活期账户或支付宝、微信支付等智能支付账户中。

第 4 份，绿色的钱。绿色的钱用于休闲娱乐和兴趣爱好。存储方式随意。有的家庭里，丈夫将"私房钱"藏得哪儿都有，"私房钱"就是绿色的钱。

同样，用"4 种颜色"管理财富的更多内容，也会在未来出版的"用手账管理系列图书"的《用手账管理财富》一书中详细讲解。因而，本书暂不赘述。

4 种不同颜色可以标记时间轴，也可以标记各种事物。本书作者的商业专著《互联网+2.0》[1]一书中曾提到"3 与 4 是两个神奇的数字"。事务先后顺序往往以"3"为周期推进。世间万物中，任何一物的种类都可以分为"4"类。"3"与"4"的规律不是由"事"和"物"本身决定的，而是由我们的思维投射所决定的。

1《互联网+2.0》一书的全称为《互联网+ 2.0：供给侧改革与企业转型升级路线图》，机械工业出版社 2016 年版。

　　当习惯用 4 种颜色标记这个世界以后，人的思维能力自然得到了提升。这种思维提升又反向影响人的时间管理与人、财、物的管理。人的时间效能会进一步提升，而人、财、物管理会更加高效，这就是人找到自我的最舒服状态。

第 5 章

多重复盘：
每周在时间手账上
涂颜色块

—

每周结束，用 1 小时彻底地复盘这周。

复盘内容包括时间花费、财务收支、精力打分。

不管什么时间做复盘，都将结论写下来。

复盘指的是回顾、整理、评价，并且总结经验。

复盘的英文单词是"Review"，本义为"回顾、复习、评议"。复盘的日文是"レビュー"，这个日语发音与英文"Review"的发音基本一致。

复盘的目的是，**通过回顾做过的事情，给过去一个尽可能客观的评价，并进行经验总结以期将来做得更好**。其实，复盘的本质意义在于提升人的思维。通过做事获得新知，这便是"行"与"知"的合一。

复盘有两种。一种是**定期复盘**，如每天、每周、每月、每季度、每半年、每年。另一种是**按项目复盘**，例如，完成了一个客户合同签约，实施了一个项目，学习了某项技能，学生上完了一个学期的某一门课。

在这么多细分种类的复盘中，最重要的是定期复盘中的"每周复盘"。

每周复盘的步骤

我日常使用 3 本手账，包括工作手账、随身手账、时间管理手账。其中，时间管理手账是做每周复盘的主要工具。每周复盘分 3 个步骤。

第一步：把 1 周的时间轴表涂成 4 种颜色。

经过 1 周的使用，这周的时间轴表上已经密密麻麻地写上了文字。因为每天只要是超过半小时才能完成的事情，都被随时写进了时间轴表。在时间轴表上，全是具体的记录、计划和计划执行情况。

复盘开始，先用 4 种颜色的荧光笔，以蓝、红、绿、黑（灰）的顺序，在手账文字上涂色。

与工作相关事情，用蓝色荧光笔涂。把具体某件事情占用的方格，全部涂成蓝色。

突发的、重要紧急的事情，或者涉及金钱、机会的事务，用红色荧光笔涂。

娱乐休闲类的事务，用绿色荧光笔涂。

一般性事务，用灰色荧光笔涂。

当 1 周的时间管理手账涂完，这周的时间轴表就已经变得花花绿绿了。

这 1 周的时间使用情况、时间是如何分配的，便很直观地展现在眼前。这时即使不做加减统计，大体的时间使用情况也能够一目了然。

需要注意，涂颜色的顺序是蓝、红、绿、黑（灰）。先涂重要不紧急的记录，再涂重要紧急的记录，然后涂不重要不紧急的记录，最后涂不重要紧急的记录。

我做每周复盘的整个过程不会超过 1 小时，一般是在每周日的晚上做。每周复盘的起步很简单，就是拿起荧光笔立刻在这周的时间轴表上开始涂颜色块。拿起荧光笔，不需要任何多想，涂颜色的动作也基本不损耗意志力。

然而，一旦拿起笔开始涂之后，我们便紧跟着涂的动作自然流畅地进行思考和回忆。在整个时间轴表涂色完成后，脑子里对这周的回顾和评定便完成了大半。

每周复盘涂颜色块时，我一般用浅色荧光笔。用浅色荧光笔涂的文字，比深色荧光笔更易于辨认。

第二步：做 3 个分析。

面对已经涂完颜色的时间轴表，具体分析 3 种情况。

第一，**查看颜色块，是否大块的居多**。也就是说，每天的连续方格，被涂成一种颜色的具体有多少。如果连续的不多，反而零碎的时间块太多，那就得思考如何改进。好的时间管理，一定是连续的大块时间居多。

第二，**查看相同颜色的时间块，是否出现在每天固定的时间段**。可持续产生效能的时间管理状态，需要每天固定时间段里做固定的事情，这样可以将人体生物钟和大脑的兴奋时间段与外部环境相结合。

第三，**查看红、蓝、黑、绿 4 类事务，各自累加起来的总占比分别是多少**。如第 4 章所述，理想的时间占比是红、蓝、黑、绿分别为 1:5:1:3。很多人可能做不到这个时间占比，例如，创业者的红色和蓝色占据了一周工作时间的 80%，他们的睡眠时间很少，这些都很正常。大家得自己搞清楚，适合自己当前的目标状态占比是多少。

3 个分析：

是否大块时间块居多？

是否相同颜色时间块出现在每天固定时间段？

4 类事务累加起来的总占比是否达到了理想状态？

在做这 3 个分析时，有先后顺序。

先统计分析蓝色事务，其次是红色事务，再次是绿色事务，最后是黑（灰）色事务。

做完这 3 个分析，将分析结论直接写在这一周时间轴表的旁边。

大家不要小瞧涂颜色块和用笔写。"涂"和"写"一定得做，每周日的晚上都做。形成习惯之后，产生的作用非常大。

为什么一定要涂？为什么一定要写？

"涂"与"写"是动手的过程。就跟使用随身手账时，我们一定要随时用笔做记录一样。这样不但可以备忘，还能起到为大脑减压的作用。

可能大家都有过这样的体会。一件事在脑子里想很久却不一定能想清楚，而一旦动手写下来，往往就很容易想清楚。

其实，所谓的聪明人正是习惯于将"动脑"的事情先转变为

"动手"。一旦"动手"做了，很大的概率便是一顺百顺、左右逢源。"更气人"的是，他们习惯于这么做的同时，很快就将同行者远远地甩在了后面。

　　每周做时间复盘也是一样的。一定要动手涂颜色，也一定要动笔将 3 个分析写下来。

第三步：往前再翻 3 周。

　　除了做这 3 个分析，每周复盘还要再做一件事：把时间管理手账，从当前的周往前再翻 3 周。算上本周，再加上往前的 3 周，一共大约是 1 个月。查看一下这 4 周的时间使用情况，大体是怎样的。

　　在过去的 4 周里，出现了哪些"紧急重要"的情况？有哪些新出现的发展机会？见过哪些人？谈了哪些事？在娱乐休闲事务上是否浪费了大量时间？如何改进？

　　在翻阅过程中，如果有新的想法和启示，那么立即用笔写在对应的页面上。

　　在每周复盘时，都往前翻 3 周。这样到了下一周再做复盘时，仍旧重复这个过程。这样迭代式地每周推进。

　　做每周复盘时，如果刚过去的这一周正好是 1 个月的月底，或者 1 个月的月初，那么顺便往前翻翻这 1 个自然月的时间使用情况。

如果正好是 1 个季度，那么就往前翻翻刚过去的这 3 个月，查看这 1 个季度里的时间都是如何使用的。

如果正好是半年或者 1 年，那么也翻看一下这半年或 1 年的时间使用情况。

这些翻阅的过程都不会占用多长时间，一般几分钟或者顶多十几分钟。有时候连 1 分钟都用不了，就可以翻阅完。有体会或感悟时，我们一定要动手写下来。

这就是**多重复盘**。

复盘涂完颜色块之后，接着还要做件事情，那就是对收支情况做个统计分析。

本书讲过，每天收支的具体数字也要记录在时间管理手账里。

一周的时间轴表涂完颜色块后，找到这周每天里的花销支出数字，然后在上面用红色荧光笔圈一下。如果这周有收入，那么找到具体的收入数字，用蓝色荧光笔圈一下。

红色和蓝色的收支数字都圈完，统计汇总一下，这周的总支出是多少？这周的总收入又是多少？然后把总收入的数字，先用蓝色笔写在这周时间轴表的下角。

接着用红色笔，把这周总支出数字写在蓝色收入数字的上面。

如果这周没有收入，那么用蓝色笔写个"+0"。如果这周没有支出，那么用红色笔写个"-0"。如果这周的支出数字比较大，那么在旁边写一下，哪几件是大额支出。

虽然这是用手账管理财富的内容，但本书还是有必要再简述一下。对绝大多数人来讲，涉及与财富收支相关的事情，往往就是最容易耗费时间的事情。这跟收支数字大小没关系，有的收支数字越小反而越耗费时间精力。很多时候，把财务状态管理好，有助于时间管理状态变好。时间状态管理好之后，个人财务状态也会易于变好。两者是正相关的关系。

复盘后的手账成为艺术品

读者朋友们可以想象一下，如果在翻阅时间手账时，看到的就是千篇一律的几个时间轴表，那么会感到非常枯燥。

就跟传统的写日记一样，如果天天用黑色的笔写如流水账一样的日记，以后再翻看时，自己都会觉得枯燥冗长。要想看得下去流水账，还真需要勇气和意志力。

然而，时间管理手账每周都被涂上颜色块以后，这个时候的手账就成了自己独属的艺术品。

手账经过每周复盘以后，我们会在平时也情不自禁地去翻看。甚至能够做到，只要看着这一天的时间轴记录，我们的脑海里就能复原出那天的情况。那些没有记录的细节，都能回忆起来。这是最神奇的地方。

大家一定要体验一下。

有的读者朋友可能会问，时间管理手账上本就是用 4 色笔来写的，现在每周复盘时又要在上面涂颜色块，那荧光笔的颜色会不会覆盖 4 色笔的颜色？

如果选用的文具不好，那么确实会有这种问题。

一方面，荧光笔尽量选用浅色的，不要颜色太深太重。这样即使文字被荧光笔涂过后也不至于完全难以辨认。

另一方面，时间轴上写 3 样东西：计划、记录、收支。计划与记录的区别是"计划前面画个小方框，如果按计划完成就在小方框里打个勾"。实际使用时，4 色笔常用来写计划。记录和收支数字基本就用黑色笔。这样，每周复盘涂颜色块时，记录的东西大多都是黑色文字。即使被荧光笔涂过之后，文字的颜色反差也并不影响人的肉眼查看。

再有，时间管理手账上用的 4 色笔最好是圆珠笔，尽量不要用中性笔或钢笔。因为中性笔和钢笔书写的字迹常常不能防水，被荧光笔一涂之后字迹容易花掉。

一本时间管理手账在涂满花花绿绿的颜色块后，就变成了一件艺术品。这件艺术品是自己动手打造的。换句话说，是自己每天的所思、所想、所做，用身体力行的全部感知和创造，来打造出来的。这件艺术品，直接反映自己的历程，是自己的思维与认知成长的记录宝典。

值得提一下，现在国内很多用手账的人群，尤其是很多写手账的女生，喜欢在各种手账上画各种简笔画、贴胶带，有的还用水彩将每天的手账绘制成水彩画。

对此，我不反对。

但据长期观察，不少把手账弄成了绘画本玩法的朋友，很少有人能坚持 3 年。除非他们的专业就是搞绘画或文艺创作的。"手账公主""手账达人"与"手账使用者"还是有本质区别的。

要充分发挥手账的效能，跟手账写得是否好看没有必然联系，但跟写手账内容的量有很大关系。

换句话讲，手账写得越多，手账的作用越大。**手账是给自己看的**，只要字迹和格式自己随时都能辨认即可。手账不是给别人看的。

手账写得工整，或手账做得好看，固然有一定好处。但更有用的是，应坚持写手账，而且手账的使用习惯最好坚持数十年不变。这对人的思维、修养、气质方面的影响，比读若干本书的作用都要巨大。

手账是帮我们管理时间的，手账也是帮我们省时间的。用手账的人群至少应做到**不要让写手账耗费的时间超过手账帮自己节省的时间**。

可能也有读者朋友会问：不对呀！网络上不是有那么多别人画得好看的手账吗？

这就是群体心理学中"沉默的大多数"原理。就跟人们经常看到的娱乐明星都很漂亮、英俊、身材好一样，那些亮眼的形象与人其实是极其少数的。绝大多数普通人，还是普通人本真的样子。手账也是类似的道理，"手账公主"只是极少数。手账的使用其实再简单不过，就是拿起笔在纸上写，不存在任何的门槛。

本书已多次提到，如果我们真的去翻看一个德国人或日本人写的手账，那么很少会发现有在上面画各种图画的手账本。不管是在国外还是国内，精英的手账大多都显得极其枯燥，但是他们却能通过手账这个小小的工具很好地管理时间和精力。

因而，手账是自己为自己打造的"艺术品"，但绝不是高不可攀的艺术品。

对精力状况打分

如果深入地分析一下精英与普通人的本质区别，那么还真的不是他们财富收入的不同，而是他们对时间把控能力的不同。

曾经有不少欧美的学者，多次深入地研究过富人与穷人的行为特征。大量的调研数据，都指向了一个非常具体的差异——富人往往都守时，甚至在富人还贫穷的时候他也具有守时这个特点，而始终贫穷的人往往很难做到守时。

"守时"可以从逻辑学角度做拆解。"守时"具体由 3 个逻辑要素构成：时间本身、意志力、精力。

时间如果能够暂停，那无论谁都能做到守时。当然，时间无法暂停，时间暂停的仪器只会出现在科幻作品中。时间对所有人都公平。每个人可能出生在不同地方，出生在不同家庭，不同的人各自的物质条件完全不同。然而不管对谁，时间总是一视同仁的。

守时与意志力有一定的相关性，但这种相关性却不是正相关的。当一个人在还没有守时的习惯、想要养成守时习惯的初期时，需要意志力的作用。但是，当养成了守时习惯以后，却不再需要耗费意志力。人的意志力来源比较复杂，著名心理学家阿德勒[1]认

---

1 阿尔弗雷德·阿德勒（Alfred Adler，1870 年 2 月 7 日至 1937 年 5 月 28 日）：奥地利精神病学家，人本主义心理学先驱，个体心理学的创始人。阿德勒与弗洛依德、荣格并列为公认的心理学"三巨头"。

为，"意志的根源来自人的自卑"。自卑是梦想的前提，而梦想是意志力的吸引。

守时与人的精力基本是正相关的。换言之，人的精力越好越能做到守时。一个人精力不好的时候，对时间的感知会模糊，很难按约定的时间做好一件事。如果精力好，那么人在单位时间里的效能就高；如果精力不好，那么人在单位时间里的效能就低。

与复杂的意志力难以管理相比，人的精力却相对容易管理。好的精力来源有 4 个关键条件：

第一，充足的睡眠。

第二，有营养的饮食。

第三，适当的有氧运动。

第四，与喜欢的人和物品在一起，这样心情会好。

这 4 个关键条件可以简称为睡眠、饮食、运动、心情，分别对应 4 类事务。

我们每天都会接触这 4 类事务。我们每天都应记录下这 4 类事务，并且每周进行复盘和分析。

在时间轴手账上，我们会记录睡眠时间。如果有必要，那么大家可以多准备一支别的颜色的荧光笔，在每周复盘时把睡眠时间专门涂成红、蓝、黑、绿之外的另一种颜色。

在时间轴手账上，我们还会记录饮食和运动的时间。另外，饮食和运动时的参与者也可以记录下来。

在时间轴手账上，我们还可以对每天的心情做一个定性评估。

我曾经每晚睡觉前都会对这一天的心情状况做 A、B、C、D 4 个等级的打分。如果心情最佳，那么就是 A；心情尚好是 B；心情一般是 C；心情较差则是 D。每天的心情是哪个字母，就直接将这个字母写在这天时间轴的下方。

这个打分方法我坚持了好几年。每天都打分，每周复盘时统计这一周的心情分数。每周复盘时，除了查看 7 天里总的 A、B、C、D 分别有几个，我还会把 A 换算成 100 分，B 换算成 75 分，C 换算成 50 分，D 换算成 25 分，这样 7 天的分数累加起来，就得到这一周的综合打分。

后来我换用了一个品牌的时间管理手账，这个手账每天时间轴的下面设计有笑脸、平脸、苦脸 3 个心情状态。可以根据这天的心情状况直接勾选一个状态。这样就将 4 个等级的打分压缩成了 3 个等级。我对 3 个等级的分法保留意见。别忘了，我倡导的"4"哲学[1]。如果"笑脸、平脸、苦脸"这 3 个状态，再增加一个"哭脸"，即用"笑脸、平脸、苦脸、哭脸"4 个状态来界定，相对会更适合。

在每周复盘时，除了对每天的心情进行统计，还可以对每天的精力状况进行一个综合的打分和评定。在一周的综合复盘时，

---

1 参见本书第 4 章。

我们可以对自己的精力状况进行一个自我打分，然后写下分析说明。例如，"本周的精力状况自己打 90 分，因为没有 1 天熬夜，饮食以各种蔬菜为主，本周去了 3 次健身房"。

这样的自我评价和分数，可以直接写在时间轴表的旁边。每周复盘时，翻看前 3 周的时间轴表，也顺便看看前 3 周的精力状况。

这样的精力打分每周都要做。慢慢地积累多了之后，我们甚至会发现很多自己专属的规律。

我通过几年的每周精力打分，发现一年四季中，自己精力最好的时候是秋季。可能这跟我主要生活在北京这个城市有关，冬天特别冷、夏天特别热、几乎没有春天，但北京的秋天最舒服。发现这个规律以后，我在安排事务的时候就会特别留意，一些重要的战略性项目会安排在秋季做。

就跟生命本身无所谓贵贱一样，我们每个人都有自己专属的价值和优势。我们需要做的就是发现自己专属的价值和优势，并发挥这些价值和优势。

这些价值和优势往往隐藏得很深，别人根本发现不了，只有我们自己通过长时间的洞察来发掘。可以凭借的工具，就是小小的手账；可以凭借的方法，就是认真对待每周复盘。

第二篇

节　流

第 6 章

2 个计划表：
月表管理别人，
周表管理自己

手账里的月计划表管理有外部依赖的事情，手账里的周计划表主要管理自己就可以做的事情。

所有与他人进行的现实互动都是社交，社交才是最消耗时间的"大户"。

将时间管理好的深层次根源是建立正确的世界观、人生观、价值观，并以此发展出全部人格。

时间对所有人都是公平的，时间本质上无法管理。善用时间的人从不随便浪费时间，不太善用时间的人则往往在不知不觉中，就悄悄地丢掉了太多宝贵的时间。从这章开始，本书进入用手账管理时间的"节流篇"。

从某种意义上讲，时间是通过各种管理一点一点"省"出来的。这就跟"想用一只水桶多盛水"一样，与不断地往里加水相比，更重要的是先把桶底的漏洞补上。

月表管理有外部依赖的事

基本所有的时间管理手账都会有两个表，一个是周计划表，另一个是月计划表。它们分别被简称为周表、月表。活用时间管理手账的这两个表，是用手账管理时间的重要内容。

　　本书从第 2 章到第 5 章，讲述的都是周表。在好用的手账里，周表大多都是时间轴表的样式。

　　与周表相对应的是月表。周表是具体到每天的时间轴，而月表则不是时间轴。月表的样式跟普通月历表一样。平时经常能够看到的各种月历表，如传统的挂历、台历，在每一部智能手机上也都能看到 1 个叫"日历"的应用程序，这些就是月表的样式。

　　月表，一般是 7 列，显示周一到周日。有的月表是从周日开始第一列，然后是周一到周六。不管是从周一开始，还是从周日开始，月表都是 7 列。月表一般是四至五行（见图 6-1）。

日	一	二	三	四	五	六
26 廿二	27 廿三	28 廿四	29 廿五	30 廿六	31 无草日	1 儿童节
2 廿九	3 五月	4 初二	5 环保日	6 芒种	7 端午节	8 初六
9 初七	10 初八	11 初九	12 初十	13 十一	14 十二	15 十三
16 父亲节	17 十五	18 十六	19 十七	20 十八	21 夏至	22 二十
23 奥林匹克	24 廿二	25 廿三	26 廿四	27 廿五	28 廿六	29 廿七
30 廿八	1 建党日	2 三十	3 六月	4 初二	5 初三	6 初四

图 6-1　月表

一般我们中国样式的月表，在每个表格的日期下面，还会显示农历的日期，就是从初一开始，一直到这月农历月底。如果这天是某一农历节气，那么就不显示农历日期，而显示节气名称，如春分、夏至、秋分、冬至。

还有的月表除了显示农历和节气，还会显示中国的法定节假日，例如，国庆节休 7 天，春节休 7 天，端午节和中秋节分别休 3 天。再有的月表会将一些国际节日也列上，如圣诞节、情人节、父亲节、母亲节等。

互联网上有很多开放的分享资源。例如，有些网友自己用 Excel 软件制作了每一年度的月表，我们可以把这样的月表直接下载并打印出来使用。

如果我们买一本现成的品牌手账，那么一般手账里面都会有月表。这样的月表每一天都是一个方格。在方格里，我们可以写上这一天的计划。与周表相比，月表能写的空间很小。

读者朋友可能会问：之前讲过周表可以写计划、记录、收支 3 样东西，那月表该写什么呢？

在这儿很明确地告诉大家——月表只写计划。

与周表里写计划一样，月表上具体在某一天的方格里，写的计划文字前也先画一个小方格。如果这一天的某项计划按时执行了，那么就在这项月表计划前面的小方格上打个钩。

读者朋友可能又会问：一项计划要既在周表里写，又在月表里写吗？

不。

月表上写的计划是依赖外部的事情。周表上写的计划是不依赖外部，完全靠自己就可以做的事情。

依赖外部的事情，往往是要与别人协作才能做的事。这样的事情会依赖别人，或者依赖外部的资源。例如，拜访客户，开一个重要的会，在线上做一个重要的沟通，去银行柜台办业务，参加某个考试，参加某个聚会，这些都需要依赖别人，要与别人共同协作才能完成。

还有些事情会依赖某种外部资源，这种资源的所有权归别人所有。例如，要在网上做一个直播，要去电影院看场电影，要去游泳馆游泳，要去图书馆看书。

依赖外部的事情举例如图 6-2 所示。

	事务	依赖对象
依赖别人	拜访客户	客户
	开一个重要的会	与会者
	在线上做一个重要的沟通	沟通的人
	去银行柜台办一个业务	银行员工
	参加某个考试	考试组织方
	参加某个聚会	聚会人员
依赖外部资源	在网上做一个直播	直播平台
	去电影院看场电影	公共影院
	去游泳馆游泳	公共泳池
	去图书馆看书	公共图书馆

图 6-2　依赖外部的事情举例

依赖外部的事情是与别人协作的事情，或者做这件事情要用到外部资源。

凡是依赖外部的计划，都应写在月表中。

一般情况下，月表里具体某一天的计划，原则上不要超过 3 个。如果是一些公务员干部，或者企业高管，那么他们的工作会极大地依赖外部协作。他们每天的工作常态都跟打仗一样，要接触和协调很多的人和事，他们的计划会很多。还有很多朋友，例如做销售工作、做市场拓展工作、做财务路演工作，他们与外部协作的计划也会很多。

如果是这种情况，那么可以初步地将具体某天的计划按重要性排个序，只将最前面的 3 个计划写在月表里，而将其他计划写在周表里。

另外，大家也别忘了，在月表上写的计划，也用 4 色笔。如果涉及金钱或重要的机会，那么用红色。如果是与工作相关，那么用蓝色。如果是一般事务，那么用黑色。如果是与休闲相关，那么用绿色。

读者朋友可能还会问：那什么时候写月表？什么时候写周表呢？

答案是随时写，至少每天写一次。

依赖外部的事情写进月表，自己就可以做的事情写进周表。我们在周表里不但写计划，而且最重要的是要写记录。我们每天超过半小时的事务都记录进周表，在周时间轴上写具体干了什么事。

区分月表和周表，正是为了将"是否依赖外部"的事务区分开。依赖外部的事情，免不了要提前准备，如要提前预约、要提前准备材料、要提前准备工具等。只要把提前准备做得足够好，执行的时候就一定会高效。自己就可以做的事情不需要"依赖外部"，相对而言要做的准备会少一些，做的时候也能从容一些。

社交最耗费时间

互联网科技使现代人的生活更为便利，但实际上增加了人的社交成本。对习惯于使用智能手机的人来讲，最耗时间的不是玩游戏、不是网络购物、不是刷短视频，而是刷社交类 App。

即便是现实中的社会交往，也在不知不觉中就耗费掉大量时间。休闲社交会耗费时间，商务社交也会耗费时间。

对商务社交来说，如果没有充分的准备，尤其是因此而陷入大量沟通解释的时候，那么会耗费大量的时间。

因而，凡是依赖外部的事情，最好都要精心地进行准备。

凡是与他人发生"互动"的行为都是社交，跟互动过程中是否说话无关。眼神的交流、肢体的接触、气场的感知都是"互动"，也都属于社交行为。

例如，快递员送来一个包裹，签收包裹过程中可能谁都没有说话，但这是一种"社交行为"。

在所有的社交行为中，最典型的便是工作。几乎所有的工作都会与人打交道，不管打交道的对象是同事还是客户。工作中人与人的互动或协作都是社交。

自从有了互联网，线上社交行为越来越多地替代了人与人之间的真实互动。

比如手机用户在刷微博时，他在一位明星的微博下面写了一个评论，明星给他点了个"赞"。以后两人可能再无在线互动，两人都忘记了有过这事，但互联网长久地记得这次社交互动。

在网络游戏中，游戏用户随机组队玩游戏，更是社交。

社交的外延非常广。

习惯于使用手账的日本精英人群，尤其在社交方面特别地花心思。日本人有尽量不给别人添麻烦的文化。日本人对客户是这样，对家人、对男女朋友也是这样。

现代的日本人还有个特点，那就是普遍面子比较薄。

在日本公司里工作的日本人就比较典型。如果办公室里有人来寻求协助，那么日本人往往会先翻翻自己手账的月表。如果实在没法安排协助时，那么他们就会给来人看看手账月表。来人看一眼这个手账月表上密密麻麻的事项计划，往往就不好意思再继续要求。

当然，如果确实是重要的事情来请求协助，那么来人会鞠躬请求，并说："这个事情特别重要，おねがいします（拜托了）！"

如果是尤其重要并紧急的事情，那么来人甚至会下跪请求并说"おねがいします"（拜托了）！

其实，现在日本企业里，下跪请求某事的情况基本不会出现。尤其是在大庭广众之下，这种极端的情况更不会出现。在中国国内一些大型日资公司里也不会出现。但是来人要协商某件计划时，给来的人看看月表，然后委婉地拒绝或建议改期，这种情况比较常见。

相反的情况是，来人协商的事情如果确定了下来，那么日本人会当着来人的面，立即把约定写在手账月表中。注意！一定是当面写。目的就是告诉来人：我可是正式安排这个事情了，你放心吧，但你也要重视，可别到时放我鸽子！

近几年，我发现也有个别中国公司的办公室里也开始学日本企业，将办公室每个人当前的状态以及几天内的时间安排，直接写在一个白板上。有的甚至直接显示在办公室墙上的一个大屏幕显示器上。这就相当于将每一个人的月表都公开了。谁要找谁，谁要安排什么事情，抬头看一眼墙上的屏幕，就先做到了心中有数，节省了彼此太多的时间。这样的公司办公一定是很有成效的。很多日本公司的办公室都没做到这个程度。

当然，最要紧的是每个人能活用手账，在出现一些干扰时妥善地拒绝。

在任何时候，拒绝都要讲艺术。从本质上讲，不管是怎样的拒绝，都会或多或少对别人造成伤害。如果处理不好，那么别人会怨恨，自己也会不安。

大家注意！这个时候虽然已拒绝了别人，而很多宝贵的时间又开始悄悄地溜走了！因为人自己的脑子会开始因不安而纠结。脑子里纠结的那些东西，根本不产生任何价值。如果因为自己真的特别忙，那么就给来人看一眼手账月表，唤起来人的同理心，就能及早避免事情变遭。

大家真的得注意，纠结很难产生价值，纠结却最容易让时间溜走。虽然不同的人有不同的差异，但人脑里最大、最多的纠结大多都来自社交。换言之，与他人的现实互动最容易产生纠结，依赖于外部的事情也最容易产生纠结。

我们使用手账管理时间，并管理所有的事务。其目的除了为大脑减压，手账还有个重要的功用就是避免自己的大脑陷入纠结，尤其避免陷入社交类纠结。

最容易悄悄溜走的宝贵时间应该节省下来，去做产生价值的事情。哪怕是我们将这些节省下来的时间，用于去看一场电影、去打一场球、去玩一局游戏，都能对我们有益。因为至少能提升我们的幸福感。

所以现在来看，手账里的月表看似是用来安排外部依赖的计划，其实是"管理"别人。这才是手账月表的真正意义，月表是用来管理自己与外部世界相联结的"契约"。与之形成对比的是，手账周表才用来管理自己，周表用来管理和协调自己的所有"资源"。

好的时间管理来自正确的三观

纠结不产生价值。因而，活用手账的社交道具功能，有时候就显得非常有用。

但是，我们也得思考一下，纠结这种行为换个词叫"忖度"。有些时候，必要的推测、揣度虽然不直接产生价值，却有用。就好比别人说了一句话是 A，我们得揣摩他真正的期望是不是 B。如果觉察得不对，那么可能也会带来额外的麻烦。在出现这种情况时，所谓的时间管理就无从谈起。

因而，本书倒是有必要提出一个较为深入的问题，到底好的时间管理是什么？好的时间管理恐怕不是学一些所谓的时间管理技巧。学会花样百出的技巧，就能够完全掌握好自己的时间吗？恐怕也未必。

正如"纠结"。纠结是真正消耗时间的怪物。我们得搞清楚，人的纠结到底是怎么产生的？本书认为，人之所以会纠结是因为当前的状态不够完善。不够完善的人格表现出来的各种问题里，有人际关系不佳，有意志力不坚定，有某一方面知识技能欠缺，也有时间管理暂时没做好。

再如各种网络社交平台上，大家经常能看到的各种"争执"。只要有人在网络上发表一个观点，任何人都可以再发表不同意见。然后便是你来我往，双方互不相让，非要争个高下。这样的"争执"一般很难得出有意义的结果。反而是双方越争论越激烈，从"争执"升级为"冲突"，甚至都忘记了为何而起的争执，"冲突"再次升级为"人身攻击"。双方最宝贵的时间，就被慢慢浪费在这些无意义的网络行为上。

这样的"争执"行为在线下也很常见。尤其是一个公司组织或单位的内部，很多与工作相关的"争执"看似在争论具体问题，实际上却是争论的双方各自在"说服"大家：我比对方更聪明。如果这样的"争执"局面中，又出现个"和稀泥"的角色，那么看似在制止"争执"，实际上却在讨好双方，这就是最坏的结果。所有人的时间都浪费得一干二净。

好的时间管理背后，更深层次的含义又是什么呢？应是正确的三观。

只有建立起正确的世界观、人生观、价值观，并以此发展出自己的全部人格，才能够从根本上完善好时间管理。我们应做到，既要坚韧不拔、自强不息，又能在与人交往中掌握好边界、随时淡定。这样的人，不只是会管理好自己的时间，他们做什么事都会成功。

中国清代中兴名臣曾国藩说过：败人两字，非"傲"即"惰"。

"傲"字，即傲慢、骄傲，主要针对别人。"惰"字，即懒惰、懒散，主要针对自己。

其实，人要想建立正确的三观，戒除这两个字足以。

一个人如果太过骄傲，凡事都认为自己比别人聪明，那么必然别人都不愿与他合作。他的路会越走越窄。更麻烦的是，太过傲慢的人往往还会眼高手低。即使不需要协作，自己就能做的小事情，他觉得屈才也不愿做。这就把人生之路完全堵死了。

一个人如果太过懒惰，凡事习惯于"衣来伸手、饭来张口"，那么必然没人总能照顾他。即使他是个好人、善良的人，他却承担不起任何的责任。人如果懒散，那么他承诺别人的事情往往做不到。这就是失信于人。

因而，既要戒掉"傲"，也要戒掉"惰"。

对手账用户来说，只有戒掉"傲"与"惰"，他才能够真正地重视自己写在月表中的约定，他承诺别人的计划才会尽全力地去做；也只有戒掉"傲"与"惰"，他才会如实地往周表上写自己做的每一件事，既包括让自己高兴的事，也包括让自己惭愧的事。

戒掉"傲"与"惰"的人，他不会骗自己。当一个人不会骗自己的时候，他才真正开始建立正确的三观。

在建立正确的三观的过程中，需要大量的人际互动与阅历积累。可以说，该走的弯路一点儿都不能少走。但是我们却可以保证走的方向大体上没有偏差。

中国有句古话叫"工夫在诗外"，还有一句叫"熟读唐诗三百首，不会作诗也会吟"。这两句应结合起来体会。各种技巧、经验，我们得去了解，但只限于此却万万不行，我们还得身体力行地去做，在做的过程中顿悟。中国圣人王阳明曾讲的"知行合一"，不仅是"知道了要去做"，而且更重要的是"知从行中来"。

这也是本书想要传递给大家的理念：**用手账管理时间的起步，就是不做时间管理**。只需要记录，甚至不需要一开始就做计划。

在时间轴上不断地写记录，不断地写记录，不断地写记录……重复地写、大量地写、不间断地写。不但要大量地写，还得更大量地去翻看。

只要积累到足够的量，每个人自己独特的时间管理方法自然就有了。

足够的量到底是多少？这因人而异。但只有积累足够量之后，这时再看一点点时间管理技巧，甚至不用去看那些所谓的技巧，只是把所有的精力专注在最能产生价值的事情上就可以了。

大家一定要体会到，好的时间管理，真的不是去学一些时间管理技巧；好的时间管理来自正确的三观，更来自不断地动手磨炼。

第 7 章

学会聚焦的
3 个法则

——

仪式感最直接的好处是让人做事有头有尾。

只要随时看到钟表，我们就能时刻感知时间与生命的存在。

法则 1：所有事情都有计划

如果我们已经学会了活用时间管理手账上的周表和月表，那么我们的绝大部分个人事务已能做到计划管理。一般情况下，我们应该将时间管理手账当成自己处理事务的控制面板。

有些时候，只用时间管理手账的话，还是不太能管理好所有的事情。例如，突然来了一个事，需要自己去做；或者，脑海里突然冒出了一个念头，自己想要去做某个事。这类事往往还不是几分钟就能完成的。有的虽然几分钟内能够完成，但一旦动手做了却会接连引来一系列的事。

我的做法是，先把这个事或这个念头，写在随身手账上。

我的随身手账上有 2 种内页，一种是普通横线页，另一种是待办任务列表页。

一般不管什么事情，突然接到的电话，突然来人要协商的事，突然冒出的灵感和行动动机，我都在普通横线页里写下来。就是简单地写几个字，字迹一般也很潦草，只要自己能看懂就可以。不管事情是什么，我一定会写下来。写的时候也不用区分笔的颜色，用黑色笔写就可以。

写下来之后，如果是紧急重要的事，一般这类事情多是与金钱、机会相关的，那么直接用红色笔正式写进待办任务列表页。

如果是一般工作的事情，重要不紧急，那么可以稍微等等。等相对有空闲时，再把这个事情拆分一下行动步骤，然后用蓝色笔写进待办任务列表页。

同样，如果是一般事务，那么用黑色笔写进待办任务列表页。如果是与娱乐休闲相关的，那么用绿色笔写进待办任务列表页。

每天至少早晚各翻一次随身手账。把必要的待办计划，再写到时间手账的周表或月表上。

现在大家可以看出，要做一件事前，仅动手写可能就要写 3 次。

大家不要小瞧这 3 次动笔写！这个作用非常大。

如果是突然的一件事或一个念头，先在随身手账上的普通横线页潦草写下来，这是第一步。如果有必要，那么再以待办任务形式写进待办列表页，这是第二步。如果还非常正式，那么在每天早晚翻随身手账时，再以正式计划的方式写进时间管理手账，这是第三步。

这 3 个步骤，其实是一个**事务的过滤漏斗**（见**图 7-1**）。举例说明，每天突然冒出来的事有 10 件，能进入待办任务列表的可能只有三四件，而能进入时间管理手账作为正式计划的，可能只有 1 件。

写进随身手账的普通横线页

写进随身手账的
待办任务列表

写进时间管理手账
月表或周表

图 7-1　事务的过滤漏斗

这就筛选出了我们最应该把精力聚焦的事情。

这是非常好用也非常有用的一个做法。

"3"是个神奇的数字[1]。绝大多数事情都经不起 3 遍琢磨。任何事只要细细地琢磨 3 遍，能做还是不能做就一目了然。能做的话，产生的价值有多大？如果做，那么大体需要什么资源配合？这样基本上就能琢磨出个大概。而这个琢磨的过程，不能仅在脑海里想 3 遍，最好也用笔在随身手账上写一写。

大家一定不要太相信自己的大脑，大脑真的很累。大家只需要相信自己的手和笔。让自己的手和笔，牵引着大脑思考。这才是靠谱的做法。

---

1 关于神奇数字"3"的更多阐述，可参考《互联网+2.0：供给侧改革与企业转型升级路线图》，机械工业出版社 2016 年版，第 V 页。

一般思考过 3 遍的事，在执行的时候大脑会调集每一个神经细胞去专注完成。

另外，本书还是不太建议大家用智能手机 App 来管理事务。

用事务管理 App，就跟用电脑打字一样，很多时候人会自然地去复制粘贴。这就坏了！本应可以动手牵引大脑的思考就被完全放弃了。

现在还有很多事务管理 App 和电脑程序做了关联。这就连复制粘贴都不用了，直接将信息在各种事务状态中切换。只需点一下鼠标或用手指点一下标记，就自动生成一个待办任务列表。这从技术角度看是省事了，但从人脑思维和心理学的角度看，反而是好心做坏事。

大家可以记住"3"这个重要的数字。除了日常事务，稍微正式点儿的事情做之前也先将行动的念头琢磨 3 遍，然后再动手做。这就是凡事都有计划。

此外，有朋友少不了还会问：随身手账上天天都要写，随时都要写，那里面的内页不是越积攒越多吗？

会越积越多！需要定期清理。

我的随身手账就经常处于"爆本"的状态。

我一般每周都会清理 1 次随身手账。在清理的时候，我会将有用的东西写进时间管理手账或工作手账。对于不再有用的内页，我就从随身手账的活页铁环上取下来，然后丢进碎纸机里清理掉。

因为最有必要保存的内容都已经挪进时间管理手账和工作手账，随身手账里的内页一般不会永久保存。

法则2：养成仪式感

日本朋友做事情时，往往都有仪式感。例如，他们吃饭之前会先说一句"いただきます"（我开动了），意思是"我要开吃了"，这句话里也有对厨师、食物表示感谢的意思。吃完了，他们有的还会说一句"ごちそうさま"（我吃饱了）。

吃饭前说一句，除了有礼貌的成分，还有种潜移默化的作用。那就是，使自己的精神能够专注在吃饭上。这时候，自己的胃动力、血液的循环等都会专注在消化上。

同样的道理。在做一些事情时，我们可以自己设置一定的仪式感。一旦这种仪式感启动，人的感官和精神往往就能自动屏蔽外部干扰。有仪式感地做事，人会自动进入一种最佳状态，甚至不需要设置Deadline（截止时间），就能够自然完成。

例如，我在每天工作开始前，会用抹布将桌子擦一遍。不管是在办公室还是在家中，只要开始工作，我都先擦桌子。我把擦桌子当成了开始一天工作的仪式。不管桌子上是否有灰尘，我都会这样做。

有些时候，一早就突然有特别紧急重要的事情要做，我必须一下子坐在桌前开始处理。但这样的事情一旦完成，我会立刻去把抹布淋湿，接着擦一遍桌子，然后再开始计划的工作。有时我的办公桌已被别人擦过了，而作为工作开始的仪式，我也会再擦一遍。

再如，我每天回家后的第一件事，就是清理随身的包。我会把包里的东西，不管是文件、手账、钱包、书还是买的东西等，都先从包里全拿出来清理一遍。

有些带回来的调研材料，我会直接放进对应的档案盒。有些被动接收的广告单页、宣传册、物品包装等，我会把有用的信息拍个照片，然后直接丢掉它们，绝不让它们在我家中多待 1 秒。

做仪式感的事情往往花不了多少时间，有的连 1 分钟都用不到，但仪式感带来的专注作用很大。前几年，我曾在工作手账里整理了一个做不同事情时的"仪式字典"，后来都养成了习惯，就不再参考"仪式字典"（见图 7-2）。

仪式字典

C 吃饭：心中默念"感谢食物"

C 出门：检查 3+5 EDC

D 电话：照一下镜子，嘴角上扬

G 工作：擦一遍桌子，物品归位

H 回家：清理包中物品，清理带回物品

K 开车：发动后，绕车一周，检查 4 个轮胎

S 睡觉：喝一杯牛奶，清水漱口后刷牙

X 下班：给绿萝浇一杯清水

图 7-2　仪式字典

至于什么样子的仪式适合什么样的人，这没有具体的标准。仪式感也是因人而异的。大家可以有意识地发掘自己在做不同的事情时自己需要的仪式感。

法则 3：随时能看到圆形的钟表

时间虽然无形，但时间有存在感。如果人能经常看到钟表，那么人的大脑就能意识到时间的存在。

钟表分两类。一类是传统的钟表，有表盘，上面还有时针、分针。另一类是电子表，显示的是液晶数字。

现代人看时间，往往习惯看手机。手机或电脑上显示的时间数字，很难体现出时间的流逝。

传统挂钟容易体现时间的存在感。挂钟上面除了有时针、分针，还一定要有秒针。最好表盘上有 1～12 这样的一圈小时数字。秒针每走一格发出"嘀嗒"的声响，这倒不是关键。

一般显示液晶数字的电子表会跟手机、电脑一样，很难体现时间的存在感。

传统的挂钟上面，可以直观地看到时针走了多少，分针走了多少，或者秒针走了多少。这种视觉呈现特别有益于时间在人脑中的存在感。

我一般习惯将钟表挂到桌子的正对面墙上。在办公室里，我的办公桌正对面墙上挂了个圆形的传统钟表。在家中，我的书桌对面墙上也挂了这种钟表。目的就是在工作过程中，不用转动自己的脑袋，只需动动眼皮就能看到时间。

现在很多在办公室工作的上班族，没法在办公桌对面自由安装钟表。那就准备一个圆形的传统时钟，直接放在电脑屏幕的右侧。这样基本上不用转动自己的头部，眼睛往右斜一下就能看到时间。如果你是左撇子，那么就把表放到电脑屏幕的左边。

如果出于各种原因，没法放置这样的传统时钟，那么也可以将自己的智能手机设置显示一个传统表盘的 App，上面也要有时针、分针、秒针，放到电脑屏幕的右侧。

因工作的关系，我经常到客户的办公室里做些工作。在这个时候，我就把手机设置为显示圆形时钟的界面，放在笔记本电脑的右侧，然后开始做具体的工作。

有朋友可能会问：电脑显示的时间不是也在屏幕右下角吗？

那是数字时间，没有钟表给予人的更直观的时间存在感。

建议经常外出工作的人，一定准备一块传统手表。这样的手表不一定是特别贵的奢侈品，只要表盘上有时针、分针、秒针即可。表盘上的元素最好尽量简洁，最好有 1～12 的小时数字。

现在有很多手表品牌研发了不少功能性手表，表盘上还显示诸如气压、海拔、方位等即时数字。除非专业人士，这类功能一般一辈子也用不上几次。手表的表盘越简单越好，不要有很多干扰的要素在上面。

现在佩戴智能手表的人也很多，那一定记得把默认表盘设置为传统钟表的显示方式。

我们也可以在工作时把手表从手腕上摘下来，放置在电脑屏幕右边，或者桌面靠右的位置，目的就是能随时看到圆形表盘上的时间。

时间是个很有"脾气"的东西，既傲娇又无情。

时间有时候跟金钱很像。没钱的人反而不用太担心什么。最怕的是，有钱的人知道自己有钱，却不知道自己到底有多少钱。各种胡乱花钱，更能将人拖入深渊。

时间也是一样的。最怕的是，我们知道自己有时间，却不知道自己当前有多少时间可以用。如果我们对时间不尊重，那么时间会毫不留情地"惩罚"我们。

如果能借助圆形钟表时刻留意到时间的存在，那么时间就会非常恭顺地对待我们。时间会使我们的精力聚焦在手头的事情上。时间甚至会协助我们，让我们把手头的事情努力做得更好。

第 8 章

保持精力满格的
4 个技巧

———

把"看新闻"改为"听新闻"。只在特定时间用社交软件，了解全民皆知的新闻事件即可。

在手账上大量记录睡眠、饮食信息，摸索饮食、睡眠与精力之间的必然联系。

把物品与念头都写入手账，能节省人 1/3 的时间。

工作手账里应有一个奖励表，达到目标就奖励自己。

真正成熟的人生是"在眼前的苟且里，寻找诗与远方"。

技巧 1：不看新闻

自从人类进入互联网时代，现代人获取信息的方式越来越多，但能够留给自己做深度思考的时间越来越少。然而，时代文明越发展却越需要人们做很多纵深的工作。现代人最消耗时间的"大户"是社交，其次是看新闻。

现在很多手机 App 提供了信息流[1]的功能。信息流技术不断地推送各种信息或电子文章给用户。用户在浏览这些 App 上的内容时，很自然会用手指往上的滑动来代替人脑的思考。由此，人脑便落入了一个精力消耗陷阱。就跟智能手机打开了一个高耗能的 App 一样，手机会飞快地消耗电池电量。人一旦开始用手指往上滑动信息流，不知不觉中人的精力就会消耗到告警。

为了避免一个事情变糟糕，最好的办法是不要开始。

---

1 信息流(Feeds)原是广告术语，指广告内容按相同规格样式上下排布，并自动推送到用户电脑或手机客户端。随着互联网科技的发展，信息流多指内容平台将新闻等信息内容按用户定制并推送的技术，用户只要滑动手指就能浏览无尽的定制内容。

从几年前开始，我就给自己定了个规矩：不看新闻。只在确定的时间段用社交软件（SNS），了解一下全民皆知的新闻事件即可。

因为做咨询工作的关系，我每天得吸收大量行业信息。科技与财经领域的任何变动我每天都得了解。然而，我做过大量有意识的统计后却得出结论，几乎全部网络新闻对我手头的工作都是无用的，其中包括每天的财经和科技新闻。更不用说各种社会新闻、娱乐八卦、搞笑段子，这类新闻对我手头的工作更是无益的。

后来，我便决定这么做——**所有的新闻都不看**。所有出现信息流的地方，我主观上都屏蔽它们，绝不滑动手指看看下面是否有"更精彩"的内容。

眼睛要看文字，最好是去看书。看纸质书应优先于看电子书。我也曾经专门统计过，我看书的字数与看手账的字数相比，在一段时间里哪个更多，竟然还是看手账更多。

与阅读网络上的各种信息文字相比，建议大家多阅读书。相对而言，书作为正式出版物经历了相对严格的编纂和审校，其内容更有质量保证。

打比方来讲，网络上的各种信息好比夜市里的啤酒、羊肉串，或者好

113

一点儿也就是汉堡、可乐与炸鸡块。这些偶尔吃吃还可以，如果顿顿都拿来当饭吃，那么对人的健康没好处。出版的图书相对有质量保证，图书的知识内容好比营养均衡的正餐。

该吃哪个？高下立判。

如果确实有全民都关注的热点事件出现，而自己的工作又真的需要了解这样的事件，那么就花几分钟时间上网检索一下搜索引擎，然后快速浏览搜索列表上的前 3 条搜索结果即可。

另外，"不看新闻"不是说不去了解新闻。有一个非常实用的技巧，那就是把"看新闻"改为"听新闻"。

我每天早上会听经济类广播。我一般在早晨洗漱、运动、吃早饭、开车的过程中，顺便听 1 小时的广播，这就足够与世界深度同步啦！

技巧 2：重视饮食与睡眠

本书讲到，人的精力来自充足的睡眠、有营养的饮食、适量的运动、与喜欢的人和物在一起。这 4 个方面应当用手账进行管理。

每天从几点睡到几点，睡眠时间有多长，这些信息应记录在时间管理手账中。一个人在睡眠充足状态下，与在睡眠不足状态下，可以说完全是判若两人。

如果我们确实遇到一些紧急又重要的事务要处理，不得不缩短每晚固定睡眠时间，那么一定得想办法及时弥补。

人一天到底需要睡多久？是 8 小时，还是 7 小时？或者更少？这真的没有确定数字。有的人每天睡 6 小时就足够，有的人每天睡 8 小时还不够。这是每个人在生活和成长过程中，由各种综合因素长期影响而形成的。

人与人之间不能比谁睡得更少，但可以比谁的精力更好。人需要做的是客观统计自己的睡眠时间，不断地摸索出自己的睡眠规律。因而，在时间手账上做睡眠记录很有必要。除了记录几点睡、几点醒，还应记录每次睡眠的质量。醒后精神很好？还是醒后觉得更累？这些也应记录下来。在个别情况下，如果醒后记得做梦了，那么也可以把梦境用几个字写在时间手账上。

饮食也是保持人的精力满格的必要条件。现代人普遍摄入肉类蛋白质过多，油腻的肉类最容易使人瞌睡。但是，喜好肉食的人也不用强制改变自己的饮食习惯，可以适当地喝些茶，茶可以平衡人体所需的营养成分。当然，最好的方式还是多在饮食中增加各种蔬菜，尤其是各种绿色蔬菜。

饮食与精力之间的关系，不同的人差异很大。这需要大家自己摸索出其中的必然联系。

在一些品牌的时间管理手账里，在每天时间轴表的下面列出了一日三餐的内容。每一餐吃了什么可以记录下来。这种记录也是积累得越多越能发现自己的精力与饮食间的关系。

我的时间手账里，不但记录吃了什么，吃了几分饱，与谁吃的，而且自己这一餐评价怎样，都会用几个字记录下来。

技巧3：消灭"找东西"现象

人一生中有1/3的时间是在找东西。除了找物品放在哪儿了，还会找脑海里的各种念头。

不管是具体的物品位置，还是大脑里的念头，凡是需要"找"的事情都应用手账预先管理起来。具体可以分为以下三个方面：

第一，**物品位置**。

每天手边就用的东西，需要给它规划一个具体位置。

在书桌上操作电脑时，我会将时间管理手账放在电脑键盘的右边，随身手账放在电脑键盘的左边。需要随时记录的东西就拿起笔写在随身手账上。每做完一项具体的事务，或者每隔固定时间，我就稍转身，拿起笔在时间管理手账上记录下干了什么。其他的物品如随时用的文具、必要的电子设备、当前用的资料等，都在书桌上有固定的位置。很多时候，当需要什么东西时，我根本不用眼睛看，直接伸手就能拿过来。

平时随身带的物品也是一样的，手机的位置、钥匙的位置、手账的位置都是固定的。尽量做到不变换它们的所属位置，用完就让它们归位。当我们用这件物品时，最好能做到不用大脑思考下意识地伸手就能取过来。

如果不是随时要用的物品，那么可以把它们收纳起来，但一定要在手账上有这些物品的位置记录。手账除了做时间管理，最重要的就是做人、财、物管理。

我是在工作手账的最后几页记录不常用物品的列表。这些物品分别有多少，放在什么位置，都在列表上有记录（见表 8-1）。

表 8-1　物品清单

	品类	名称	数目	位置/备注
秋冬衣物				
1	大衣棉服	羊绒大衣（长款），黑色制式	1	（大衣橱，竖挂）
2	大衣棉服	长羽绒服（长款）	1	（大衣橱，竖挂）
3	大衣棉服	长风衣，2012 年入，羽绒	1	（大衣橱，竖挂）
4	大衣棉服	短羽绒服	1	（大衣橱，竖挂）
5	大衣棉服	饺子服，可拆下袖子，丝棉可水洗	1	带回山东
6	大衣棉服	长风衣，红都定制，秋装	1	（大衣橱，竖挂）
7	外套	短风衣，秋装	1	带回山东

秋冬衣物

8	外套	西装，红领，无马甲，黑色	1	裤子已瘦
9	外套	西装，蓝条纹，无马甲，2条裤子	1	裤子已瘦
10	衬衣	DP100，纯棉	2	（半衣橱，竖挂）
11	衬衣	蓝色，法式袖口	1	（半衣橱，竖挂）
12	衬衣	红色，直播制式	1	未拆封

春夏衣物

13	T恤	HONMA，白色绿线条，面料好，有脱线	1	外出（小衣橱，竖挂）
14	衬衣	蓝格，外穿，春夏、初秋，无上胸口袋	1	断舍离
15	裤子	西裤，蓝色	2	（衣橱裤架，叠挂）

家居衣物

16	汗衫	黑色无领	3	（小衣橱，叠挂）
17	裤子	纯棉，长裤，宽松，阔腿	2	（小衣橱，叠挂）

如果需要用某件不常用物品的时候，又一时记不起这件物品放在哪儿了，那么就打开工作手账查看，然后直接到这件物品准确的收纳位置取来用。

第二，做事前准备好各种物品。

在做某件稍微正式点儿的事情前，先在随身手账上写下做事的步骤和所需要的物品，这样就能得到一个物品清单。在动手做事之前，先按照清单将所需物品全部拿出来，先把它们放置在桌面上。然后，检查每件物品是否可用，能用多久。如果发现物品有问题，那么就及时处理。必要时，我们应果断地取消做这件事的计划，待到所需物品条件具备时再去做。

例如，准备外出练一下摄影技能前，我除了拿出单反相机和相关配件，更重要的是检查电池电量是多少，备用电池电量又是多少。

第三，**各种念头。**

时间管理手账的使用目的是，做到每一天的可统计、可还原、可复盘、可评价、可迭代，它不用于随时记录脑海中突然出现的念头。

随身手账用于记录各种念头。平时突然冒出的事情或各种念头，我们就赶快用笔写进随身手账里。这些随时冒出的念头里，有不少都是宝贵的灵感，我们一定得记下来。只要记下来，它就跟种子播到了土壤里一样，会自己发芽生长。

在一般情况下，我写进随身手账的各种念头都会很快有结论。其中需要进一步思考的念头，我会进一步完善它的内容，然后再挪进时间管理手账或工作手账。随身手账上的内容一般只保留 1 周，我每周都会清理随身手账里不再有用的内页。

这样的做法能减少脑海里回忆某个念头的时间，以便于把最好的时间和精力用来做创造价值的事情。

技巧 4：奖励自己

适时奖励自己是保持精力满格的有用技巧。

我在工作手账里专门有一张奖励表（见图 8-1）。这张表上，每一行都是一个对自己的奖励。例如，想去的某个地方，想买的某件物品，想吃的某种大餐。

奖励清单

奖励	目标

图 8-1　手账奖励表

为了完成某件重要的事，或者为了将某个事务推进到预定目标，那就先从奖励表里拿出一个与目标相匹配的奖励。目标达成，就执行这个奖励。

人在做具体事情时避免不了会分心走神。在预感到自己的精力开始分散的时候，只要想想奖励和目标，自己很快就能把心收回来，并精力满满地继续做下去。目标和奖励是自己精力的充电站。

我的奖励表是动态的。一般在年初，我会大体把年度目标和奖励计划写进奖励表里。平时，如果看到或想到一些新的奖励方式，那么我也会随时补充进这个奖励表里。

如果达到目标，那么在执行奖励前后，我还会写下自己对这次"目标—奖励"的评价。这个评价大体上是评估这次"目标—奖励"的效果。目标太大、奖励过小，或者目标过小、奖励太大，都不是好的"目标—奖励"效果。尤其是在目标过小、奖励太大的情况下，容易出现奖励失控。因为人的动机与激情都有个阈值，奖励失控会拔高这个阈值。我会不断地平衡这个阈值，避免出现奖励失控的情况。

总结一下本章所述，保持精力满格有 4 个技巧：技巧 1，不看新闻；技巧 2，重视饮食与睡眠；技巧 3，消灭"找东西"现象；技巧 4，奖励自己。

读到这儿，想必读者朋友中又会有人跳脚发问：不对呀，还有运动啊！要想精力好，那一定得多运动啊！

诚然，在当前的时代语境下，因绝大多数办公室上班人群缺少运动，"多运动"具有了某种意义上的正确性。运动确实是现代人每天都应做的事情，运动也是保持身体健康并保证精力充沛的必要因素。然而，本书也想提示大家，运动绝非越多越好，适量运动更好。

我曾遇到过三个因运动不当而出现问题的极端案例。

第一个案例的主人公是一位做 IT 培训的朋友，他当时在圈内还有点儿名气。有一次他连续打了两个小时的乒乓球后，突发心肌问题离世。

第二个案例的主人公曾是 500 强企业的高管，他经常在深夜与海外同事开网络会议，作息从不规律，精力下降时就靠咖啡和跑步提神。但他最终倒在了跑步机上。当时还有人叹息："没有死在床上，却死在了跑步机上。"

第三个案例是我在健身房亲眼所见的，有人在健身房锻炼时竟然休克了，当时教练还在旁边指导他。

人自然有无限的潜力，但人的身体比我们想象的要娇贵。现代生活带给人越来越快的节奏，但人体的生物性机能却不能无限地跟进。

近些年，马拉松长跑成了一种时尚。有的人并没有每天跑步的习惯，却也跟着凑热闹。跑步作为比较简单的有氧运动，如果没有好的指导，那么对膝盖的损伤很大。麻烦的地方在于，膝盖软骨因损伤而表现出症状是在若干年以后。更麻烦的是，膝盖退行性病变几乎是不可逆的，很难恢复到健康状态。曾经有健康专家预测，10～20 年后，在热衷跑城市马拉松的人群里，将有不少人会爆发膝盖方面的疾病。

有的人不适合做太过剧烈的有氧运动，但瑜伽、散步、慢跑会更适合他们。能不能做剧烈和高难度的运动，并不妨碍他们取得社会成就。

以一线城市为例，许多办公室白领每天坐很长时间，他们上下班路上如果开车的话，那么也是坐着的状态。他们当中约半数的人已不太适合太过剧烈的运动，尤其是他们在加班熬夜和过度劳累之后，更应避免做过量运动。对他们来说，感觉累了、困了，想恢复精力的最好方式就是去睡觉，而通过运动提神或者饮用功能性饮料等方式都不好。

在农耕文明时代，八成以上的人口从事农业种植。在工业文明时代，八成以上的人口从事工业生产。在未来深度进入网络文明时代以后，八成以上的人口将从事信息处理和知识加工的工作。现在也只是刚刚开始进入网络文明。文明的迭代升级，伴随着人类寿命的增加，但也伴随着人类体能的下降。因为所有的科技发明都是为了满足人的"懒"。对未来的揭示，似乎有点儿"沉重"。仅以当前来讲的话，不同的人适合的运动形式一定有所不同。

什么样的人适合什么样的运动，完全依靠外部的体检和专家建议很难准确评估。但是，我们可以依赖用手账记录的方式，长期积累自己的运动与精神状态数据，可以循序渐进地尝试各种运动，逐步摸索出最适合自己的运动方式。

在很多新媒体文章里，也常常出现鼓励人们健身和运动的内容。有的文章最喜欢拿一些个案说事，例如，有的中年妈妈因坚持健身看上去比儿子还年轻，有的老年父亲因坚持健身看上去像30岁的小伙子。内容配上精心筛选的、冲击力强的图片，这样的文章很容易刷屏。如果文章标题中再出现"自律"的字眼，那么这样的文章必然成为爆款。其实，标榜正能量的东西反而更容易把人带到沟里去。

如果本书要对"自律"这个词说点儿理性的分析，那么可能会太挑战流行的认知。然而，大家更能够接受的是，"所有火爆网络的大小现象里，背后可能必有商业利益诉求"这样的说法。

拥有严谨思维体系的人，一定得对某些看上去很能触发心灵的东西保留一份怀疑。例如，近些年流行网络的"生活不只是眼前的苟且，还有诗与远方"。如果真扔下"苟且"去寻找"诗与远方"，那么可能绝大多数人会很快碰壁。因为没有那么多岁月静好，看起来岁月静好的日子，只是有人替我们负重前行罢了，我们很容易忽视这一点。

真正成熟的人生应是"在眼前的苟且里，寻找诗与远方"。

怎样做到"在苟且中寻找诗与远方"呢？让手账帮我们。把手账做成我们自己专属的"艺术品"。手账被翻看得越多，手账为我们创造的价值就越大；手账被翻看得越多，它带给我们的幸福感就越大。

第 9 章

用手账做"断舍离"的 5 个模块

—

工作中最常用的物品，往往在 3 件以内。

选用"不太灵敏"的物品，能避免忙中出乱。

日常使用的电子产品不要超过 3 个。

经常使用纸币，直观地感受一下钱是怎么花出去的。

任何时候都不刷"存在感"。

　　"断舍离"与"极简主义"是近些年风靡全球的生活理念。随着物质的日益过剩，现代人开始思考消费的本质，越来越多的人逐渐在接纳这类"减少自己物品"的理念。

　　"断舍离"等理念可以帮助人留住自己的时间和精力。经过系统化的筛选，本书梳理出了有助于时间管理的 5 个模块。用手账管理好这 5 个模块，还可以整体上提升手账用户的幸福感。

模块 1：工作环境"断舍离"

　　人每天一半以上的时间用在自己的工作上。相比跑外勤的岗位，坐在办公桌前的人更需要一个高效的工作环境。

　　一般情况下，办公桌上的物品越精简、越整洁，越能提高工作效能。

曾经有人认为，办公桌混乱的人，适合做创新创造工作；办公桌整洁的人，适合做事务执行工作。这是一种比较片面的认知。如果真去看看一些创新行业精英或者创意大师的桌面，那么他们的桌面基本上都是既简洁又整洁的。

大家可以拿出自己的随身手账，暂时没有随身手账的读者朋友可以先找出一张纸，在上面列一下，自己在正常工作时到底都需要哪些物品。

我对此做过大量的调研，分析了多个行业的工作岗位数据。不管什么工作岗位，真正工作时常用的物品不超过 10 件，其中最常用的物品甚至不超过 3 件！

如果我们的办公桌上堆积了太多物品，而其中大多数物品对当前工作没有用，那么这些无关物品会给人脑一种"狭促感"。当人脑被这种"狭促感"占据时，不管哪种类型的工作都难以顺畅地进行。

所有的读者朋友现在就可以做这样一个实验：动手移走当前桌面上的所有物品。移走的物品放在桌子下面还是桌子旁边都无关紧要，但一定别让它们出现在你的视野里。然后，桌面上留下正在阅读的一本书，可以再留 1 本随身手账或 1 张纸，顶多再留 1 支笔。接下来，阅读 20 分钟，是不是效率大幅提升了？

工作中最常用的物品，往往在 3 件以内。对工作环境"断舍离"，就是找出工作时真正需要的物品，然后在桌面上给它分配一个专属位置。其他物品，如果功能重复，那么就果断清理掉；如果使用频率不高，那么就把它们收纳进抽屉或橱柜中。

在彻底清理工作环境时，要想完全做到"桌面无物"往往不太可能。但任何人都可以做到桌面上物品都是自己当前工作所必备的。这样每天对桌面的清洁整理会更加方便，更省去了找东西的麻烦。

我的工作手账中，有一张桌面物品清单。这个清单上列出了工作时常用的物品和物品位置。

当我们坐在工作台前开始工作时，还要避免视野中出现各类"干扰元素"。如果有这样的干扰元素存在，那么一定要在最快的时间里先把它们清理掉。例如，视野中的一盏灯，可能因用久了而总是闪烁，那我们就尽快换上新的灯具；如果身边的某一件电器，在工作时总发出噪声，那我们也应及早更换。不少年轻朋友会在书桌对面的墙上贴异性照片或者动漫海报，那些东西会让人工作和学习时心猿意马，也早点清理掉为好。

在清理各种用品时，我们也可以遵循"4种颜色"原则。

与工作、学习相关的东西，可以认为是"蓝色物品"。

与金钱、机会相关的东西，可以认为是"红色物品"。

与生活相关的东西，可以认为是"黑色物品"。

与娱乐相关的东西，可以认为是"绿色物品"。

"蓝色物品"与"红色物品"都应尽量选择可靠的商品。它们的性能要足够好，并且尽量不要附带"干扰元素"，上面的商品标签最好都撕掉。

"黑色物品"与"绿色物品"不一定要选择最好、最贵的商品，可以选择操作起来不那么"灵敏"的物品。这样做的目的是在操作使用中强迫自己慢下来，避免快中出错。

我用的饮水柜，上水和烧水的操作按键是要长按 3 秒钟才能启动。在我选购这个饮水柜时，也可以选择"一键上水"的款式，但最后我还是决定用这种"长按 3 秒"的款式，目的就是使自己的操作过程慢下来，避免出错。可能有的读者朋友遇到过饮水机跑水的问题。因快出错，结果带来一系列"善后"的麻烦。这就是欲速则不达。

有些时候，越是不该出问题的事情越容易"制造"出不大不小的麻烦。不是物品的问题，而是我们太心急。选择的物品最好不要"配合"我们的心急。

大家也可以想一下，为什么手机关机要设计得稍微复杂？长按开关机按钮后，还要滑动手指确认，这样才能最终关机。正是这个道理。

要想对工作和生活中所有物品"断舍离"，可以活用"4 种颜色"原则来区分物品。各位读者朋友可以细细品味一下其中的意味，并且再次审视一下"4 种颜色"哲学。

模块 2：随身物品"断舍离"

现代人都会有或多或少的随身物品。随身物品有个专门的英文简称——EDC，即"Every Day Carry"（每天携带）的缩写。

在欧美和日本的时尚生活行业中，早就有机构在研究 EDC 对人的影响。

我每天随身的 EDC 有 3 件：

第一，随身手账；第二，手表；第三，手帕。

公文包里的 EDC 有 5 件：

第一，时间管理手账；第二，钥匙包；第三，Kindle；第四，手机；第五，牙线。

我的随身手账里有可以放纸币的夹层，因而专门的钱包可以不用随身带。虽然现在手机支付越来越普及，但我还是保留在个别支付场合用纸币的习惯。

随身手账随身携带，时间管理手账放在公文包里，工作手账一般放在办公桌上。这就是 3 本手账各自所属的位置。

在手账文化圈里，有的手账用户会喜欢一种叫"All-In-One"

的手账。"All-In-One"是"全部都在一本中"的意思,指的是时间管理、工作笔记、生活日记、灵感记录等都写在一本手账里。

本书不太建议工作人士用这种"All-In-One"的手账。

因为人在不同状态下,需要翻阅或记录的手账信息往往不同。有些时候,灵感记录在小巧的随身手账上最方便,没必要随时抱着一本厚厚的工作手账做记录。工作手账放在办公桌上最合适。另外,随时将时间管理手账拿在手边也没有必要,公文包是时间管理手账最合适的位置。

因而本书认为,随身物品"断舍离"就是要找出需要随身携带的必备物品,并分配给它们各自一个合适的位置。我们的每一件物品都很重要,但某件物品没必要出场的时候就不要给它"加戏"。

随身物品不能多。很多看似可能有用的东西带在身边就是多余的。多余的物品不要随身带。

模块 3:电子产品"断舍离"

现代生活中,电子屏幕越来越多。每一个电子屏幕不仅仅是一块玻璃,还可能是一个精力消耗的"深井"。

特别不建议现代人每天面对过多的电子屏幕。很多互联网从业者，每天随身带着的包里，就有笔记本电脑、平板电脑、智能手机，甚至还有电子书阅读器、充电宝等数码用品。其实，不少数码设备的功能相互重复。凡是有重复功能的数码用品，尤其是平时极少用到的数码用品，那就应及时考虑对它们"断舍离"。

建议大家在生活中，使用的电子屏幕的数量不要超过 3 个。

我日常用的 3 个屏幕是电脑屏幕、手机屏幕、Kindle 电子书阅读器屏幕。

凡是带有电子屏幕的数码用品，不要超过 3 个。这 3 个数码用品，可以选购最顺手的"最好品牌""最高配置"的型号。

其中，最高频使用的数码用品，可以选购最大屏幕的配置型号。

大家应留意并找出自己平时高频使用的电子产品。最高频使用的电子产品，可以购买"最好品牌、 最高配置"的产品。"最高配置"看上去有些浪费，但这样的电子产品却能切切实实地为大家节省时间。例如，针对具体的操作反应来说，"最高配置"的电子产品能比一般配置的电子产品快几毫秒，这样的细微时间虽然积攒起来也没多久，但"最高配置"的电子产品用起来更流畅，这对我们保持思维快速运转有极大的益处。

"最好品牌、最高配置"还有一个好处。在升级替换的时候，可以把它们以较高的二手价格转让出去。如果不转让，那么这样的物品拿去送人，别人也相对会乐于接受。

因而，我们选购电子产品时可以活用这个原则，"最好品牌、最高配置"。

这个原则甚至不限于电子产品。我用过的一些手账配件、文具，甚至家电、汽车等，也都有过以较高的二手价格转让出去的情况，因为物品本身的品质能够撑起较高的转让价。

另外，有一些电子产品使用频率并不高，这样的设备如果能租用，那么就别购买。例如，近些年玩无人机航拍比较火，然而好多人买了无人机后却发现根本用不了几次。对这类东西，如果确有需要时，那么去租赁就好啦！再如，拍视频完全可以租用全套专业摄影器材，做录音节目可以去租用录音棚。

换车也是一样。我身边的朋友里，就有人将 B 级车换成了 A 级车[1]。这看上去似乎是"消费降级"，其实不然。他们认为，一般的家用车就是日常代步，紧凑型的 A 级车耗油低，养车成本也低，反而更适合在城市里使用。如果偶尔要野游或跑长途，那么去租一辆性能高的车即可。

现代人购车、换车，很多时候会考虑面子问题。实际上，即使把 B 级车换成 C 级车，又能增加多少面子呢？所谓的"要面子"

---

1 B 级车一般为中型车，适合一般家用。A 级车是紧凑型车，车身较短，乘坐人数有限。A 级汽油车一般在 1.5 排量以下，适合购车预算有限的用户购买使用。此外，C 级车一般是高档轿车，D 级车是豪华轿车。

与"刷存在感"一样，都是不明智的行为。随着汽车家庭化越来越普及，购车与"要面子"之间的联系也越来越弱。

一般情况下，电子产品的更新换代周期很短，有的电子产品维护保养成本还挺高。日常高频使用的电子产品可以购买，其他的产品都可以用租赁代替购买。

模块 4：财物"断舍离"

"断舍离"的本质是，人要脱离对物品的执念。"断舍离"不仅仅是让人们扔掉旧东西。如果单纯把多余的东西清理掉，而自己的生活品质没有提升，那么这样的"断舍离"就没有意义。

要脱离对物品的执念，得控制好源头。不需要的东西，控制自己坚决不买。需要的东西，要买也只买有品质的物品。

我的做法是，活用工作手账里的奖励清单。我把想买的东西，都写进奖励清单。

大家别小瞧手账里的奖励清单。只要是我们想买的东西，都可以先写进奖励清单。**一旦把想买的东西写下来，实际上就已经对它们做了一层过滤。**

我会经常翻看手账里的奖励清单。一方面，能激励自己将专注力放在目标达成上。另一方面,我也会按照列表反思:某件物品到底是不是真的需要?这件物品能发挥多大功效?它的意义是什么?如果买了这件物品,那么要替换出去的物品是什么?

有的时候,经过多次翻阅后,我会将一些奖励物品从清单上拿掉。还有的时候,我会把奖励清单上的某物品换成更高品质的其他物品。

当自己达成某一个目标的时候,我会果断地把奖励清单上对应的物品买来。

另外,购买或消费时别忘了时常使用纸币。有好几次我在用纸币支付时,收款人自言自语地说:"我都快忘了钱是什么样子的了。"

虽然现在各种智能支付越来越普及,但用纸币支付时却有特别的意义,纸币支付会让人更清楚自己的钱是怎么花出去的。

2018 年 8 月,日本北部发生强烈地震,随后引起了大规模断网、断电,北海道的札幌市瞬间陷入"黑暗"。一周多的时间之后,电力系统才完全恢复。这期间有近 200 万居民涌入超市和便利店购买生活物品。然而他们却遇到身上没带现金、手机支付又无法使用的问题。

虽然这类极端情况在现代社会中很少出现,但常备现金纸币还是有很多其他意义的。当人看到有形的钱币时,带来的是财富对心灵的直接投射，这绝不是看到手机屏幕上账户余额的感觉。这样的感觉，在人决定是否购买物品时，会产生有意义的作用。

还有，物品不是越贵越好，更不是越奢侈越好。购买物品的价格应与自己的收入能力相匹配，否则昂贵的物品很难为人带来好处。

模块 5：社交"断舍离"

本书多次讲到，现代人最耗费精力的事情是社交。尤其是在社交过程中因沟通理解不到位，沟通双方陷入大量解释的时候，这往往是最消耗时间的时刻。

现代社交理论中最有名的是"六度空间"。人与世界上任何一个陌生人之间，只隔了不超过 6 个人。如果有必要，那么通过少于 6 个人的转介绍，人就可以结识世界上的任何一个陌生人。

比"六度空间"更实用的是"邓巴定律"（见图 9-1）。"邓巴定律"研究的是人脑能够允许的最大交往人数，这个数字大约是 150 人。

知己 1~2

强连接 7~10

弱连接 20~150

图 9-1 邓巴定律

150 人是人类社交人数的普遍上限,但不排除个别人的上限更多。例如,有的人的社交人数上限能到 200 人甚至 300 人以上。在普通人的 150 人社交上限人数里,能够深度交往的也就 7 人左右。女性能够深度交往的人数比男性多一些,可以到 10 人左右。男性一般可以与 5~7 人做深度交往。深度交往的人中能够做到知己的也就一两个人。

邓巴定律是一个非常实在也非常实用的理论。

在普通人能交往的人数里，知己顶多1~2人，强连接的是7人左右，包括弱连接在内的最大上限是150人。

所谓的人际关系，完全可以理解为"一个萝卜一个坑"。在一般的社会交往中，如果认识了1个新朋友，那么可能就会有1个老朋友被替换出去，因为人的大脑管理不了上限以外的资源。

可以说，人际关系是比时间更需要管理的资源。

有效地管理人际关系与社交，也应该发挥好手账的作用。

用手账管理人际关系，有3个要点：

第一，知己1~2名。

第二，强连接的核心朋友7名左右，他们是可以作为合伙人一同做事情的人。

第三，最多与150~200人保持弱连接，并定期联络。

我们正在从"熟人社会"走向"公民社会"。按照"六度空间"理论，我们想通过社交认识所有的人都有可能。但认识再多的人那又怎样呢？如果没有价值交换，那么就是无用的人际关系。

一般情况下，超过 5 人的聚会我都避免参加。参加一些行业大会时，我也尽量不与人交换名片。

人与人之间存在不同的最大公约数。能够产生同频共振的人之间，能取得最大公约数。核心朋友圈的人往往就是这种情况，手账的人际关系列表里只需要有他们的名字和联络电话。知己的话，连电话号码都不用留。

对保持弱连接的人，我们在沟通的时候先考虑清楚对方的利益诉求。沟通时优先说明对方的利益相关性，然后再说具体的事情。这是比较高效的沟通方式，也是维护人际关系的较好方法。对于弱连接的人，手账人际关系列表中除了有他们的联系方式，还要有他们的个性喜好、能力成就以及他们各自的人际关系等内容，甚至应记录与他们每次沟通的内容。

对弱连接之外的人，则应在保持友善的前提下尽量公事公办。没必要的话，轻易不要越界。善守做人的规则是人与陌生人之间的最小公约数。

需要注意的是，真正的人际关系一定是跟自己当前的能力相匹配的人。比自己能力高太多的人不是自己的人际关系，因而不要谄媚；比自己能力低太多的人，有时候很难构成自己的人际关系，因而千万不要在人面前显摆自己。

不管是对比自己能力高太多的人，还是对比自己能力低的人，都不要"刷存在感"。"刷存在感"是最没用的事情，也是最愚蠢的行为，现代人一定要戒掉。

如果大家对各自的社交人际关系还没有做过细致的梳理，那么还真得在手账上仔细地列一下自己的人际关系列表。就从整理手机与 SNS（社交平台）上的联系人列表开始吧！把知己、强连接、弱连接 3 类人际关系都写出来。一定得拿笔在纸上写。只要用笔写下来一个又一个具体的姓名，人的内心里自然会给这些姓名进行归类打分。可以尝试着把分数也写下来，然后按分数排序留下前 150 名。这就是社交"断舍离"。

当然，"150"这个具体数字因人而异。但一般情况下，如果知己、强连接、弱连接所有的人数还不足 150 人，那么意味着自己的人际关系数量还有物理上的拓展空间。即便如此，用手账做社交"断舍离"，最重要的仍然是"管理源头"，即控制新认识人的数量。

虽然邓巴定律将人的社交上限数字基本确定在 150，然而绝大多数人的日常社交人数到不了这个上限。很多普通人的社交人数稳定在几十人以内。

对很多人来讲，日常社交人数能到 100 人以上的就已经算是"社交大忙人"了。可以这样描述一下他们的状态：除了睡觉，连吃饭、去卫生间都在与不同的人沟通事情或打电话。在一些不太讲管理艺术的企业高管，或者做销售岗位的人员里，这种状态很常见。

与梳理已有人际关系相比，控制好新认识人的数量，同时提高新交往过程的质量，尤为关键。对此也有四个实用技巧：

第一，5 人以上的聚会可以不参加。超过 5 人的娱乐聚会或吃饭应酬里，人与人之间的沟通质量会急剧降低。

第二，超过 9 人的 SNS 群（社交软件群）尽量不要加入。不得不加入的群，轻易不要发言。

第三，可以不参加各种论坛大会。一些风向标的行业论坛，一般都有直播或文字稿记录发布，完全不需要到现场。如果想结识演讲嘉宾，关注他的社交平台账号更有效。如果想结识一同听讲的圈内听众，到了现场你们可能会发现，彼此早就是 SNS 群（社交软件群）内的好友了。

第四，名片上不印手机号码。如果是一般场合结识的人，那么彼此交换名片即可；如果是确实重要的人，那么就拿起笔，当着对方的面，在自己的名片上写下自己的手机号码，然后交给对方。这个动作非常有用，可以强化对方的印象。

可能有读者朋友会问：既然社交那么耗费精力，那么线上、线下所有的社交都不参加好了！

那当然不行。所谓的"断舍离"，绝不是断绝所有的物品和人际关系。人是社会化动物，人的价值恰恰体现在"为别人而活"上。如果人断绝所有的外部事物联系只活在自己的精神世界里，那么人作为自己可能很舒服，但人却进入了更无意义的自闭状态。

社交"断舍离"的最终目的是，使人管理好自己的精力，并基于此而发展出自己全部的人格。在拓展人际关系之前，人应先做好自己。先使自己不再紧绷、别扭、拧巴，然后才能更好地结识他人。

一般情况下，人只要做好了自己就能遇到越来越多的"贵人"，也会遇到更多的好运气。管理人际关系更多的是管理自己，其中尤为重要的是管理自己的认知与边界。做好自己，人际关系自来。

其实，在用手账做"断舍离"的 5 个模块中，关键之处都在于"管理源头"。工作环境、随身物品、电子产品、财产物品、社交人际关系，5 个方面都应严格控制好源头。通过减少无用之物的数量，人的时间、精力自然大把地节省出来。

第三篇

精进

第 10 章

建立自我进化的手账体系

———

手账是一面镜子。表面上看手账可以用来管理时间，实际上它映射出人的认知思维。

绕远路的人，视野会更开阔。

不同的人使用 3 本手账的侧重点不同。要发挥手账的最大价值，少不了得建立自我进化的手账体系。

从一开始就考虑清楚，手账如何归档。

从本章开始进入本书的精进篇。"精进"原本是佛家的一个词，与之相反的词是"放逸"。"精进"的字面意思是"努力向上向善"。充实的人过的一定是不断精进的人生。

本书之前的章节里，讲了时间管理手账的用法，还介绍了随身手账，也提到了工作手账。想必大家对 3 本手账已经有概念了，也大体知道了手账如何使用。接下来，我们将进一步了解，如何建立自我进化的手账体系。

人生的迭代周期

先为大家描述一个逻辑性比较强的普适规律。人从进入职场开始，一般会经历 3～4 个认知思维的迭代周期，每个周期分别是 1 年、3 年、10 年、30 年。

本书的定位是传递实用知识和经验，因而将一些逻辑来由和依据数据略掉。

因工作需要，我常常要梳理很多人的发展时间线。对接触的企业家、历史人物、身边的人，我都会做时间线梳理。

所谓"梳理时间线"就是记录和分析什么人在哪一年干了什么事，他取得了什么成就，这一年他的年龄是多大。基本上是梳理某个特定人的编年史。

在积累大量样本数据之后，我意外地得到了很多规律性的东西。其中一个便是，"人从成为社会人开始，往往开始经历 3～4 个认知思维的迭代周期"。

以一个大学毕业生为例。

大学毕业这一年，他（她）大约是 22 岁。毕业后进入社会找工作，他（她）会先进入第 1 个迭代周期。这个周期里，他（她）基本是 1 年一个样，每 1 年都会迭代一次自己的认知思维。可以具体类比描述为：第 1 年，也就是第 1 个认知迭代周期，他（她）认为往东走是对的；第 2 年时就会 180 度转向，认为往西走才是对的。他（她）会不断否定自己，但也会不断进步。

这第 1 个迭代周期会持续 3 年，大约迭代 3 次。也就是 3 年以后，他（她）已约 25 岁，然后进入第 2 个迭代周期。

第 2 个迭代周期是 3 年迭代一次自己的认知思维。这样再持续迭代 3 次，9～10 年以后，他（她）在 35 岁左右时，进入第 3 个迭代周期。

第 3 个迭代周期是 10 年迭代一次。随着人的阅历经验与各种知识储量的增加，每个迭代，他（她）都会重构自己的认知思维。人在三十多岁时，一般都能真正建立自己的认知思维体系。再加上各种社会属性对这个认知思维体系的影响，人这个时候的心境与十几岁、二十几岁时完全不同。其实，人在作为"为社会工作的人"之前，基本就是长身体的阶段，很难谈得上有什么成熟的认知思维。换言之，人的身体停止成长之后，才开始认知思维的成长。

第 3 个迭代周期，会每 10 年迭代一次并重复 3 次，也就是大约需要 30 年。第 3 个迭代周期快结束的时候，人已经约 65 岁。一般情况下，他（她）作为一个"为社会工作的人"已经退休了。

然而，还没有结束。他还会进入第 4 个迭代周期，30 年迭代一次。长寿的人大多是在第 4 个迭代周期的第 1 个 30 年里去世的，我们叫他（她）寿终正寝。

认知思维的迭代周期如图 10-1 所示。

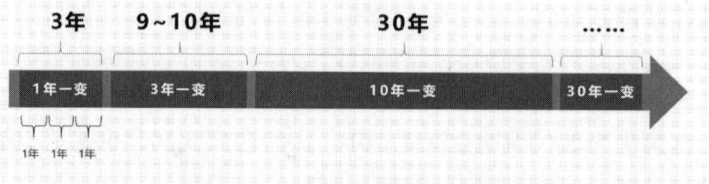

图 10—1　认知思维的迭代周期

本书主要是讲时间管理的知识和技巧，同时也会把有深度的框架给大家展现出来。一个相对通用的框架有助于各位读者朋友对自己的人生做审视。很多时候，我们只有对自己的当下做客观的审视，才有助于我们淡定地做每一件事，其中包括时间管理。

每个迭代周期里侧重使用的手账不同

时间管理手账、随身手账、工作手账这 3 本手账，在每一个迭代周期里的重要性有所不同。

第 1 个迭代周期内，也就是 22 岁开始 1 年一次变化的时候，侧重点要放在时间管理手账上。我们要彻底地记录和统计自己的时间使用情况。这个时候，会少不了频繁地否定自己，因为我们走了弯路。走弯路不要紧，人一辈子都在走弯路，每一个迭代都是在走弯路。然而，人却可以对自己走的弯路进行修正，从而保持人生是一条不断小幅波动但相对整体向上的曲线，这就是人的进步。

第 2 个迭代周期开始，也就是 25 岁开始的大约 3 年一次变化时，侧重点可以放在随身手账上。这个时候，人对自己时间的感知和把控比较游刃有余，最需要整理和记录的是各种新的机会、各种实用的知识、各种宝贵的灵感。借助随身手账，把这些东西记录、加工和升华，将有用的东西和结论再挪入工作手账，甚至储存进自己的手账归档系统中。

第 3 个迭代周期，也就是 35~65 岁。这个时候的人相对成熟，自己在家庭和社会中的定位也相对稳定，这时的侧重点应放在工作手账上。理想情况下，在这个迭代周期里，除了工作要稳步向上，最好还能发挥资产增值带来的财富增长。在工作手账里，不但要管理具体工作，还要管理人财物，也就是人际关系、财富、物品生活。

每一个迭代周期里，侧重使用的手账不同。这也是不建议大家使用"All-In-One"类手账的原因之一。

综上所述，每一位读者朋友面对的当下完全不同。除了当下，人还会继续发展与进步。大家可以根据自己的情况，建立适合自己的手账体系，这个体系是一个可以自我进化的时间管理系统。

想必有的朋友可能又会问：我已经三四十岁了，是不是已经晚了？是不是我就没法使用手账了？是不是我的人生就这样了？

不是。

特别说明

人生迭代周期的框架，并不是一定要硬作年龄卡位。

不少相对极端的案例表明，有的人十几岁开始工作，然后迅速老成，但从二十几岁开始其认知思维就不再深化。

还有的人直到三四十岁，甚至中年，其认知思维才真正开始成长。但他们能在几个月或更短时间内就迭代一次自己的认知。林肯、曾国藩等著名历史人物便是这样的情况，当今在世的知名企业家绝大多数也是这种情况。这类人在他们同时代的人里不足 0.01%，我们称为"大器晚成"。

每个人的差异真的非常大。有的人因为各种因素天生早熟，有的人缺事事都晚一步，甚至后知后觉。这两种情况都有各自的好处。可以说，这两种人都具备常人没有的专长，尤其是后一种人。

大家日常可能接触或了解过这样一些人，他们天资不坏、教育背景也可以、性格也不是绝对的内向或外向，可他们与同龄人相比似乎总处于一种"跟不上"的状态。但在某一时刻或者某一阶段，他们可能因一本书、一节课、一个人、一件事甚至是一句话，就如突然打通了任督二脉一般，快速地爆发并迅猛地成长，取得的成就往往让周边的人惊叹。希望本书也能帮助到这部分朋友。

其实，越是年龄大的人，越是走了弯路的人，越能淡定地审视自己的时间与人、财、物。绕了远路的人，视野会更开阔。

用手账梳理自己的时间与人、财、物，补上年青时的不足，展望年老后的幸福，这是所有人的权利。

手账归档

我们写的手账越来越多，必然面临如何将手账归档的问题。

首先，大家得先知道一件事。不同的笔在不同的纸上书写的文字，能够保存的时间不同。

我在 20 多年前用旧式普通圆珠笔写在纸上的内容早都花得不行了，甚至难以辨认是什么字。因为普通圆珠笔的油墨写到纸上后，时间长了会化开，而且会越来越花，最后就无法辨认。圆珠笔最不适合做归档书写。

现在大家广泛使用的中性笔，相对于油墨成分较浓的圆珠笔会好一些，但其中多少都会含有油墨成分。还有所谓的水性笔，其中也有油墨，只是含量更少。现在有的文具厂商生产了一些功能性的笔，可以用特殊橡皮擦除，其中也有油墨的成分。

油墨中的"油"是很不稳定的东西。因而，一般的文件签名都会特别注明不能用圆珠笔签写。

大家也可以留意一下一些有年头的公文印章。老式的印章用的印泥大都含有较多油性成分。时间一长，盖到纸上的印迹就会化开。

钢笔书写的东西，保存时间相对较长。墨水的字迹比中性笔和圆珠笔的字迹要稳定。现在一般人常用的钢笔墨水是染料墨水，但一般的染料墨水很多不防水。写成字后，只要沾上点儿水，字迹就变得模糊，有的字迹干脆完全消失了。

保持时间最长的墨水是碳素类墨水，碳素类墨水中含有碳粉，碳是稳定的元素。特别有保存意义的东西或签名，应当用碳素墨水书写。碳素墨水的不足之处是容易阻塞钢笔，俗称"堵笔"。

我在使用碳素墨水的时候，一般不用自动下水的钢笔，而是用蘸水笔。因为碳素墨水容易堵笔，用蘸水笔更容易清洗。

如果进一步从科学角度论证，能保持时间最久的其实是铅笔，字迹可以留存几千年。当然，用铅笔写需要存档的东西更没意义，因为字迹可以用橡皮擦除。

我们用钢笔写字也会发现一些不方便的地方。例如，用 F 笔尖[1]的钢笔在普通 A4 纸上书写时，墨水笔迹很容易透到纸的背面。

---

1 笔尖铱粒在 0.5~0.8 毫米。

如果在这张纸的背面再写东西，那么就会比较麻烦，两面的字迹都会难以辨认。

普通的打印纸、复印纸等办公用纸都是酸性纸，也就是说 pH 值小于 7。酸性办公用纸最容易制造，价格也便宜，但它能保持的年限不长，也就 20 年左右。时间一长，这种纸容易变脆易碎。储存时如果防氧化做得不好，那么它会干脆变成粉末。

稍好一点的中性纸，即 pH 值约等于 7，可以长时间保存，纸张不易变脆，保存时间能达到 100 年以上。更好一些的是 pH 值大于 7.5 的碱性纸，也叫永久用纸，它保存几百年也不会出现显著的变化。

在中国传统的文房四宝里，讲究用湖笔、徽墨、宣纸、端砚，也是有客观依据的。

现在很多日本品牌的手账使用巴川纸制作。巴川纸是日本巴川制纸所发明生产的一种特轻薄的纸。这种纸原先是为了印刷圣经或字典之类的大部头印刷品而发明的。因为在同样重量下，这种纸的页数会更多。后来巴川纸被改良成了手账专用纸。巴川纸的特点是薄、不洇墨，还特别轻。如果用钢笔在巴川纸上书写，那么墨水不会透到纸的背面。但一般的墨水不容易干，包括中性笔的字迹也不容易干，使用人容易不小心用手将刚写的字蹭糊一片。

我的时间管理手账就是用巴川纸制作的，我一般用比较细的四合一圆珠笔在手账上书写。当 1 年的时间管理手账写完，我会把整本时间管理手账用复印机复印到 50~60 张 A4 纸上存档。复印的同时，我也会保存电子图片到电脑上，这样以备将来用电脑或数码设备查询。[1]

我会将写完的时间管理手账在文件柜中存放几年，当发现上面的字迹开始模糊的时候（一般 10 年以上），会果断地把它拆开并用碎纸机清理掉。如果需要查阅旧的时间管理手账，那么就去查看复印的版本，或者查看电脑上存档的电子图片。

我的随身手账一般用的是 A7 大小的活页纸，因为随身手账的内容不需要长久保存，这种活页内芯用纸就不用特别讲究，便宜就好。

我的工作手账用的是稍好一点的 A5 大小的办公用纸，一般用钢笔书写，有的重要资料会在电脑上编辑并打印在 A5 纸上，然后用打孔机打孔后放入工作手账。

一般每个季度或者一个大型项目结束的时候，我会整理工作手账。我把工作手账里的活页取下来，按照类目分类，然后放入分好类的 A5 尺寸简易透明活页夹中，再将这种分类活页夹放进文件柜，做最终归档保存。

早些年的手账记录和各种笔记，凡是有保存价值的，我都及

---

1 复印不方便的朋友，也可以用智能手机把手账拍成电子图片。

时用复印机复印到了 A4 纸上，然后把每一周期的材料装订起来存档。复印机的碳粉含有稳定的碳元素，保存的时间能相对长久一些。做了这样的归档之后，早年的各种本子，只要是没有保存价值的，就都用碎纸机处理掉。

这样，整个手账系统的归档就只留下 A4 和 A5 两个尺寸，归档后的资料信息都不会丢失。

手账是一面镜子，它反映出人的认知思维。

我们要想发挥手账的最大价值，并且想持续地发挥手账价值的话，得建立起自己专属的一套手账体系。这样的手账体系也是一套可以自我进化的时间管理系统。

第 11 章

目标迭代：目标分解、目标执行、目标复盘的终极进化

梦想描述的是成功后的形象，目标描述里则一定要有具体的数字。

梦想与目标有着共同的特点。写下来，会更容易实现。越清楚地描述，越容易实现。越时常看到，越容易实现。

不断地对目标进行层层分解，当形成真正的目标体系时，就已经成功了 90%。

目标复盘的时候，把相关人的名字写下来，心里默默地对他们感恩。

本书一开始就讲了如何在手账中写计划。那么计划来自哪里呢？计划应来自目标，而目标应来自梦想。

梦想清单与目标清单

人的真正目标来自自己的梦想。人在工作和学习中，常被动地接受别人指定的目标。实事求是地讲，这样的目标很难使人全力以赴。只有为了自己的梦想而行动时，人才能够真正地尽全力去实现一个目标。

如果不把时间和精力用在实现自己的目标和梦想上，那么别人就会占用你的时间来实现他们的梦想和目标。

160

对每一个人来说，不管他几岁，他都会有梦想。他会或模糊或清晰地知道自己想要成为怎样的人。从梦想到目标的过程，就是从模糊到清晰的转化。

先有梦想和目标，然后才谈得上去实现它们。如果目标不清晰，梦想也模糊，那么人就会陷入混沌，从而开始漫无目的地空耗。目标来自梦想，梦想是人生的指南针。

在中国四大名著之一的《西游记》里，师徒四人组成了小团队，其中最重要的角色是唐僧。不管遇到什么困苦，唐僧都坚持唯一的目标，那就是执着地向西行走。

人的梦想可以大，甚至可以不现实，但一定得有。创建阿里巴巴的马云，在很长一段时间里都在强调"我们要做 101 年的公司"。

互联网创业潮兴起之后，全球有很多年轻的创业者怀着极大的梦想，他们常常想要颠覆某一个行业。然而能够成功的人却不多。其实，作为一个现实的创业团队，他们首先需要的是生存下来。梦想真的可以很大，但目标却要从小处着手。应在梦想不断实现的过程中，不断地让梦想的阶段性目标清晰化。

所谓目标的迭代，就是不断地让梦想的阶段性目标清晰化。

本书第 10 章讲了人生的迭代周期理论，每个迭代周期中有 3 个迭代。这就是管理梦想和目标的基础。

不管是在校学生，还是刚开始工作的年轻人，都可以有特别宏大的梦想，但不用确立具体的目标。他们需要做的是多去了解这个世界，多听、多看、多阅读、多体验，多去一些地方，多了解不同的风土人情，多体验不同的生活形态。这些都是将梦想化为目标的必要积累。人对世界越了解，越有助于梦想转化为具体目标。

在第 1 个迭代周期开始时，我们只需要大体有个 3 年后的梦想，也就是这个迭代周期结束后的梦想。然后，我们为自己制定这个周期里的头 1 年的目标，也就是第 1 个迭代的目标。当第 1 年结束，我们先盘点过去的 1 年，再制定第 2 年的目标，也就是第 2 个迭代的目标。以此类推。

同样，在第 2 个迭代周期开始时，我们要有 9 年后的梦想，然后每 3 年开始一个迭代时，确定每个迭代里的目标。

在第 3 个迭代周期开始时，我们要有 30 年后的梦想，然后每 10 年开始一个迭代时，只确定这个迭代里的目标。

梦想与目标的迭代如图 11-1 所示。

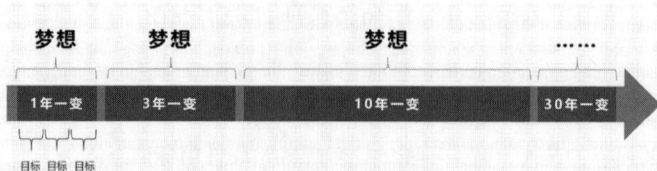

图 11-1　梦想与目标的迭代

现代人大多都能进入第 4 个迭代周期。这个时候的人，虽然差不多是 65 岁以后的退休状态了，但仍旧需要梦想，也依旧要有目标。只不过他们面对的是一个更长迭代周期内的梦想与目标。

此外，梦想与目标还有着鲜明的特点：越写下来，越容易实现；越清楚地描述，越容易实现；越时常看到，越容易实现。

因而，工作手账中得有两个清单，一个是当前的梦想清单，另一个是当前的目标清单。

手账梦想清单如图 11-2 所示。每一个梦想只需要用 1 句话描述，例如，我自己要成为怎样的人，我在家庭中将成为怎样的人，我在工作中要成为怎样的人。条目不要多，超过 5 条那就不是梦想了。

梦想清单

周期	成为××人

梦想绘图

图 11-2　手账梦想清单

　　手账目标清单如图 11-3 所示。每 1 个目标都是针对梦想的具体数字，每 1 个梦想对应 1～3 个目标。例如，如果梦想是"我想成为一个有修养的人"，那么对应的目标可以是这样：

　　第一，"在这个周期里，深度阅读 100 本书"；第二，"在这个周期里，养成 5 个好习惯"；第三，"结识 10 个有修养的人，并经常联络"。

目标清单

周期　　　　　　　　　　　　　**梦想**

- -

目标绘图

图 11-3　手账目标清单

特别提示

梦想清单与目标清单最好手写。

当然，也可以打印。打印的清单需要反复看，每天都要多看几遍。手写的效果是打印阅读效果的 7～10 倍。也就是说，手写的梦想清单与目标清单每天看 1 遍，打印的梦想清单与目标清单需要翻看 7～10 遍才能取得相同的大脑刺激效果。

目标的分解与执行

人们是先有梦想再有目标。在大目标的基础上，开始目标的分解与执行。

我们把梦想清单与目标清单放在工作手账中，把目标的分解放在随身手账中。目标分解有两个思考工具，一个是**横向分解**（简称"横分"），另一个是**纵向分解**（简称"纵分"）。连接两者的还有 1 个特别重要的原则——**单点爆破**（简称"单爆"）。

先看横向分解目标数字。以"3 年中深度阅读 100 本书"这个目标为例。我们参考红、蓝、黑、绿分别是"1:5:1:3"的 4 色原则（参见本书第 4 章），可以将目标横向拆分为与理财和效能相关的书读 10 本，与工作相关的书读 50 本，社科和哲学类的书读 10 本，小说或生活类的书读 30 本。这就是目标分解的横向思考工具。

因为每一个目标描述中都有具体的数字。按照分类、步骤、范围、职能等将一个大目标拆分的过程，往往就是横向拆分。

"3 年中深度阅读 100 本书"经过拆分以后，我们得到 1 个子目标——"小说或生活类的书读 30 本"。这个子目标可以再被横向分解，又得到 1 个小的子目标——"小说读 10 本"。小目标还可以被横向分解，再得到 1 个更小的子目标——"名著小说读 2 本"。更小的目标再被分解，得到"读《红楼梦》"。目标从 1 个数字被层层分解到具体的 1 个可执行单元（实物）时，横向目标分解完成。

一个目标经过横向拆分以后，我们可以大体预估一下完成 1 个可执行单元的时间。把这个时间看成初始的单位时间，然后在这个单位时间里，先调动精力与资源集中突破 1 个可执行单元。这就是单点爆破的原则，我习惯称为"**单爆**"。

"单爆"就是调动精力与资源，先突破 1 个可执行单元，并尽可能做到极致。

为了"单爆"，我们需要开始分解如何突破 1 个可执行单元。

还以"3 年中深度阅读 100 本书"这个大目标为例，现在我们只需要考虑如何深度阅读 1 本书。为此，我们开始纵向分解。例如，针对 1 本书，第 1 步为泛读；第 2 步为重点部分精读；第 3 步为将精要内容写成读书笔记；第 4 步为将适合自己的内容做分享。这就是纵向思考工具。

与横向分解一样，纵向分解也应不断细化拆分目标。例如，"泛读"可以拆分为"浏览目录""5 分钟读 10 页""预设关键词出现时用荧光笔标注""重点地方用铅笔写批注"。纵向分解可以将目标细化到不需要"动脑"，只需要"动手"就可以做的程度。只要把一个思维活动层层分解细化为一个肌肉运动时，就完成了纵向目标分解。

纵向分解，就是将目标任务拆分成一个个最低粒度的可执行单元，每一个可执行单元都是可直接动手操作的步骤。

当一个目标完成横向分解后，只需要对 1 个可执行单元进行纵向分解，然后执行"单爆"。"单爆"以后，我们需要对整个分解与执行过程复盘，展望大目标，形成**目标体系**。然后，我们要执行下一个"单爆"，重复复盘过程，修正目标体系。

这便是目标的分解与执行过程：横向分解、纵向分解、"单爆"、复盘，在复盘中修正目标体系。不断重复这个过程，直到最后完成大目标。

对于执行来说，人脑有区别于机器的特点。如果机器执行一个步骤，得到执行结果需要 1 分钟，那么要执行 100 次就需要 100 分钟。机器能快速地批量复制，人脑不能，但人脑有天赋的学习训练功能。人脑在执行批量操作的时候，一般会越来越快。这便是"熟能生巧"。

还是以"3 年中深度阅读 100 本书"这个目标为例。实际上，随着阅读习惯的养成和阅读技巧的提高，人们的阅读速度往往会越来越快。因而，实际执行目标的时候可能会是"第 1 年读了 20 本，第 2 年读了 30 本，第 3 年读了 50 本"。

人脑对不同事务的"熟能生巧"程度不同，这就需要我们借助时间管理手账来找出自己的规律。很多读者朋友抱怨自己安排的计划总不能按时完成，原因大体有两个：一是对外部干扰和风险估计不足；二是对自己"熟能生巧"的规律把握有限。尤其是在过于乐观地评估自己"熟能生巧"情况下，计划往往会被拖延。因而，大家需要大量积累时间管理手账上的事务记录，越能较早摸索出自己的规律，越能掌控好自己的所有事务。

还有，初始的目标可以不用太大。我们可能在短时间内难以读完《红楼梦》，可以先读一部中篇小说。

除了时间管理手账，在目标分解和目标执行时，我们还得大量借助随身手账的作用。

我习惯于在随身手账上做目标分解。这个时候的随身手账起到草稿纸的作用，可以随意地写，不用讲究字迹是否工整。对一个目标的分解，至少需要两页随身手账纸：一页做横向分解，一页做纵向分解。

这样做，大目标就拆分成了小目标。如果小目标还不能被具体执行，那么就继续拆分。只要是不能具体到可执行的目标，都要被分解。不断地被分解，直到目标被分解成为具体可执行的条目。如果有必要的话，我会把关键的可执行条目写入随身手账的待办任务列表中。

一定会有人这样想，目标分解无非是金字塔式的思考，也可以用电脑上的思维导图来做。

确实可以。但还是请尽量在纸上写。一般的纸片不方便携带，那就直接将随身手账当草稿纸来写。手写的方式，可以使人最方便地过渡到"做事情不用计划只凭经验"的状态。

做事不再用计划，慢慢过渡到只凭经验。这就是从"生手"到"熟手"的过程。

本书第 2 章讲了手账使用的"1-3-6 原则"，1 分精力做计划、3 分精力做记录、6 分精力做翻阅。"1、3、6"三个数字对应的主体是手账！一定程度上可以理解为在手账上"写"的这个动作，而不是具体做计划的时间。

　　一个可执行的计划一定来自一个相对全面的**目标体系**。在建立目标体系的过程中，我们少不了要做大量的横向分解与纵向分解。在这个过程中，我们会在随身手账上打草稿，也会将执行条目写入待办列表，其中部分执行条目还会作为计划写入时间管理手账。此外，在制订计划的过程中还会有大量的其他事情。例如，查相关资料、借鉴先人经验、做访谈、做调研、做原型、预估风险并制定应急预案等。如果将做这些事情的时间都累计下来，那么常常会超过执行的总时间。尤其对正式一些的计划项目来说，计划准备时间超过计划执行时间相当正常。

　　在理想情况下，制订一个目标计划的时间与执行这个计划的时间配比是 2:1，即 2 倍的时间做计划和准备，1 倍的时间做执行。

　　如果计划的时间过少、执行的时间过多，那么往往导致两种情况。

　　一是风险高。因为没准备充分，不确定性多，所谓实现目标也便成了碰运气。

　　二是没意义、没激情。人变得跟机器一样，当一天和尚撞一天钟。凡事按部就班，成了混日子。

　　碰运气和混日子，都不应出现在成熟的人的观念中。

　　另外，在目标执行中别忘了"及时做记录"。我们把什么时间做过什么事情，先如实地写进时间管理手账。在做具体执行的时候，将遇到的问题、得到的启发、获得的灵感、冒出的风险、更新的思路、已得到的收获，也随手记在随身手账里。

我们要反复地重复这个过程，直到彻底执行完成，然后进入目标复盘。

目标分解与执行过程如图 11-4 所示。

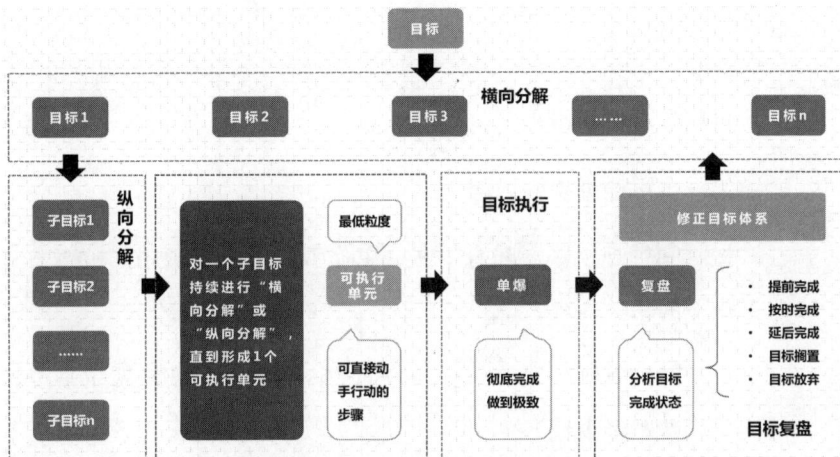

图 11-4　目标分解与执行过程

目标复盘的 4 个步骤

一个目标的完成有三种情况，一是提前完成，二是按时完成，三是延后完成。

除了"完成"这个状态，目标还有另外两个状态：一个是"放弃"，另一个是"搁置"。放弃一个目标，意味着这个目标不合理。搁置一个目标，往往是这个目标的实现条件不成熟，我们暂时不去实现它，等到条件成熟时我们再重启这个目标。即便如此，目标的"放弃"与"搁置"这两个状态，有时候难以准确地区分。

不管哪种状态，我们都可以认为这个目标已经终结。终结的目标需要做"目标复盘"。

目标复盘有 4 个步骤。

第一步：**检查手账内容。**

按时间管理手账、随身手账、工作手账的先后顺序，检查 3 本手账上的相关内容。

一是时间管理手账。统计两方面的内容：执行共耗费了多少时间？耗费了多少钱？

二是随身手账。在执行过程中，遇到了哪些新问题？得到了怎样的启发？获得过哪些灵感？突然冒出的风险有哪些？更新后的思路一共做了几次变更？总共的收获是什么（如果是金钱收获，具体数字是多少）？这 6 个问题简称为问题、启发、灵感、风险、思路、收获。

三是工作手账。核对梦想清单和目标清单，思考目标体系是否需要修正。

检查的过程中，可以把检查与思考的内容随手写在随身手账上。

随身手账依旧起到草稿纸的作用。

第二步：**书写复盘内容。**

在工作手账上，专门拿出一页来书写复盘内容。

第 1 行写上因×××梦想，为了达到×××目标，而做的××
××（事情）的复盘。

第 2 行写上总共耗时多少，总共花费的金钱数字是多少。

第 3 行开始罗列问题、启发、灵感、风险、思路、收获这 6 条
总结。每 1 条都另起一行，6 条总结按顺序罗列下来（见图 11-5）。

目标复盘

时间（耗时）　　　　　　　金钱（成本花费）

问题
_____

启发
_____

灵感
- -

风险
- -

思路
_____

收获
- -

感恩的人

图 11-5　手账目标复盘

一般情况下，只要我们在执行过程中经常在随身手账上写记录，书写复盘内容花费的时间就不会太长。

书写复盘内容时，如果出现占用时间过多的情况，那么往往是我们在书写时陷入了对执行时某个细节的回忆。

因而，建议大家一定要在目标执行时写记录，只要是想到、遇到的，就都随手记录在随身手账上。

第三步：**修正目标体系。**

在复盘的第一步中，我们已经对梦想清单和目标清单进行了核对。通过当前目标的终结，可以去修正目标体系（见图 11-6）。

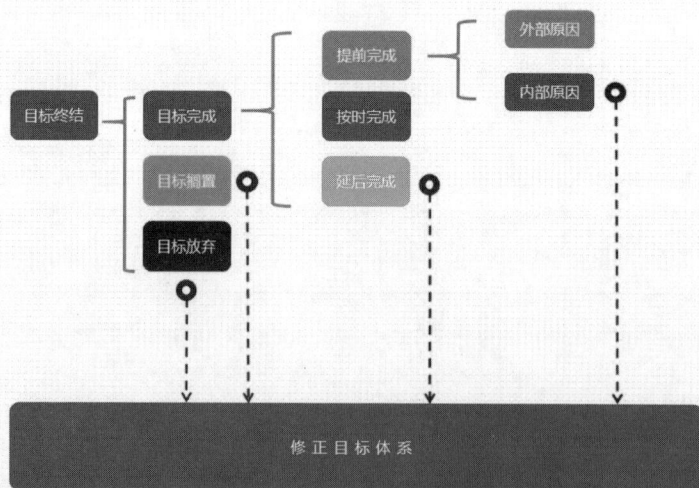

图 11-6　目标终结与修正目标体系

如果目标终结是因为"按时完成"，那么目标体系一般不需要修正。如果目标是"延后完成"，或者是"放弃"和"搁置"这两种状态，那么对应的目标体系则需要修正。

如果目标终结是因为"提前完成"，那么还需要具体分析。如果因为外部因素，属于"运气好"而促使"提前完成"，那么目标体系不需要修正。如果因为内部因素，属于自己能力提升而促使"提前完成"，那么对应的目标体系则需要修正。

修正目标体系，就是修改目标清单。在修正目标体系的过程中，一般不会涉及修改梦想清单，但这也并不是绝对的。在每一个周期迭代的初期，因为我们对内外部因素的评估不足，少不了会有修改梦想清单的情况。

修正目标体系，意味着目标清单本身的迭代。在一个目标实现过程中，整个目标体系一定会不断地迭代。

当一个梦想实现时，与这个梦想对应的目标体系就一定完成了无数次的迭代。

因而可以说，**目标的分解、执行、复盘的整个过程，就是为了一次目标的迭代**。这也是"知行合一"，"知"从"行"中来，而不是简单的"知道了就要去做"。

目标迭代是目标分解、目标执行、目标复盘的终极进化。

不管目标体系是否需要修正，我们在目标复盘时都要对下一个"单爆"目标进行纵向分解，并拟定下一个目标的执行计划。

把以上三步都完成，然后再进入目标复盘的第四步。

第四步：**奖励和庆祝**。

奖励和庆祝是目标复盘中必不可少的一步。我们可以对照自己的奖励清单，实施对自己的奖励。

如果是团队协作的大型项目复盘，那么还应举办仪式感稍强的庆祝会。最重要的是，自己也要做一件颇具仪式感的事情，那就是——感谢大家。我们可以在工作手账里复盘文字的最后，罗列出协作人员的名字，然后认真地写上一句：谢谢你们，辛苦大家。

这句话一定得写，不是给别人看的，是给自己看的。写完之后，心里默默地对他们感恩。

目标复盘是很重要的事情，目标复盘过程是真正升华的过程。一个人能否进步，关键就在于复盘的质量。

复盘占用的时间，应相当于执行时间的1/3。也就是说，执行与复盘的时间占比是3:1。

大家现在可以整体看一下。计划、执行、复盘是 6:3:1 的关系。这就是反向的"1-3-6"原则，可以称为"6-3-1"原则（见图 11-7）。

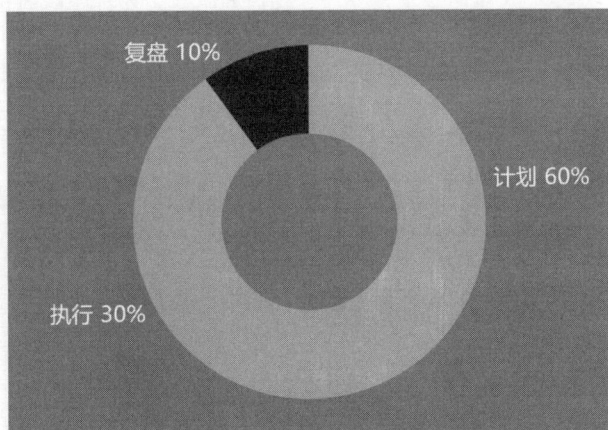

图 11-7　计划、执行、复盘的占比

本书第 2 章介绍了手账管理时间的"1-3-6"原则，再加上这个目标管理的"6-3-1"原则，是本书想传递给大家的两个核心概念。

再次提示

我们用手账管理时间，目的在于发挥手账的务实效用——让手账帮助我们实现梦想与目标。这跟我们具体用什么品牌的手账没有任何关系。哪怕我们用几张纸自己装订成一本手账，也一样有这个务实的效用。

用手账的关键在于如何用，如何写，怎么写，写什么。

只要把这些问题搞清楚了，我们就能真正发挥手账的价值。

第 12 章

用手账管理人生的第 1 个 1 万小时

真正的专家是连吃饭、睡觉都在琢磨自己专业的人。想要孩子未来有出息，父母首先得自己有出息。

读者朋友们对"1 万小时定律"应该不陌生。这个定律的意思是，一个人在任何一个领域坚持 1 万小时以上的训练积累，那他一定能成为这个领域的顶尖专家。近些年心理学领域的很多人质疑"1 万小时定律"的科学性。客观而论，但凡人们耳熟能详的行业领先人物，他们都曾在坚持做某件事情上投入过不仅仅 1 万小时，有的甚至是几万小时或十几万小时。

什么是真正的专家

请各位读者朋友允许本书先讲一下小泽征尔的故事。

小泽征尔是著名的音乐指挥大师。他是公认的指挥奇才，才华横溢，专业技巧极高。关于他的故事有很多，现在流传最广的有 3 个。

第 1 个故事：小泽征尔年轻时，参加过一个指挥家大赛。在指挥过程中，他发现评委发给他的乐谱中有不和谐的地方，然后停下来多次要求重奏。原来这是评委们专门设置的纰漏，就是要考察参赛指挥家是否盲从权威。

第 2 个故事：小泽征尔到中国时听到二胡曲《二泉映月》，竟然泪流满面地跪下来听完。

第 3 个故事：20 世纪 90 年代，已经近 60 岁的小泽征尔到中国指挥一个乐团，排练时他发现乐队成员彼此差距太大，然后停下来逐个地从基本功开始训练每一位乐手，不但细心指导每一位乐手，还耐心地为大家鼓劲儿。他竟然把招待的官员晾在一边。他还告诉接待方，不想见任何跟音乐会无关的人。

小泽征尔年轻时仅仅是一个刚成立的短期私立音乐学校的毕业生。他能成为真正的大师有天分的因素，更多的是因为勤奋。

一位作曲家曾在小泽征尔家借宿过一段时间。作曲家亲眼看到，每天凌晨 4 点，小泽征尔就开始亮起灯读总谱。

小泽征尔自己也承认，每天太阳升起的时候，他已经读了 2 小时的总谱或书。从年轻到年老，没有中断过。

我是在刚刚开始工作不久时，读到的这段故事。当时突然有醍醐灌顶的感觉——人生可能真的不能太着急，把长期坚持不懈当作生活，可能会离成功更近一些。

相信各位读者朋友可能有过类似的经历，读到一个故事甚至可能读到一句话时，突然认识到一个道理。

现代人很容易对别人的成就眼热，却往往忽视了别人背后的努力。说白了，这是因为杂念太多，没做减法。因为财富、面子、知名度，所有外在的那些东西，都是努力带给自己的，而不是别人给自己的。

以本书讲述的内容为例，可能有读者朋友又会发问了：哎呀！怎么要记录那么多呀？要什么东西都往手账上写吗？我写了自己也懒得看呀！

大家可以想想，我们拿起笔在手账上写下几个字，或者翻一翻我们自己写的手账，到底能占用多少时间呢？其实很少。这与刷一些社交软件、玩游戏、看一些网络新媒体上或真或假的野史段子比起来，所占时间少之又少。每天在手账上写字和翻看的时间累积下来，可能比去一次厕所的时间都要少。

再从另一方面来看。在网络时代，我们便捷地获取各种信息，已无边界。好像各行各业都能冒出些夸夸其谈却经不起专业推敲的"网红"，这样的"网红"往往火一把就销声匿迹了。这个时代最需要的是真正的专家，是真正有精深专业能力的专家。

什么叫"家"？专家的"家"，就是连吃饭、睡觉都在琢磨专业的人。这才是专家。

以出版一本书为例，不是出版了书就能自称作家。这还真不是作家，只是作者。我已经出版过几本书，我也只是作者，我甚至都不认为自己是专业作者。

即便如此，我构思一本新书时，哪怕自己再有内容，动手写这本新书前我都要先读 100 本以上的书。这跟武林中人练功一个道理，如果阅读量不够，那么很快力气就被掏空，都轮不到我使出大招。多读再写，对人对己都有益。

很多名副其实的专家，他们的成就不但源自踏实的积累，而且他们在行业里比拼的都是"童子功"。

例如，在很多业内知名的商界领袖中，他们有的是做技术出身的，有的是做产品出身的，有的是做销售业务出身的。即使他们已经很成功了，但让他们再去做一些具体的基础工作时，他们依旧精益求精。但凡能够长久屹立于商界的人，全部都有这个特点，无一例外。

面对网络时代，似乎每个人都觉得焦虑。这种焦虑其实真没必要。网络时代的人依旧是人，只要做好自己，让自己精益求精，让自己在专业上讲究，让自己在专业上专注，就根本没工夫焦虑。

普通人怎么成为真正的专家？这离不开"1 万小时定律"。

任何人经过 1 万小时的训练积累都能够成为顶尖专家。首先得知道自己想成为哪个领域的专家。

这就要回到人生迭代周期的理论。本书不太建议第 1 个迭代

周期还没结束，就开始做 1 万小时积累。对一般人来讲，22～25
岁这 3 年里，要做的是多听、多看、多体验，多在手账上做记录，
多反反复复地翻看自己的手账记录，先确定自己擅长的领域和
方向。用网络上的一句话来阐释，"先看过了世界，再说世界
观"。我们应找到自己真正感兴趣的事情，确定自己真正想成
为什么样的人。

把这些都想清楚了，我们就能够列出自己手账上的梦想清单了。

想拥有斜杠人生，先列"不做清单"

一旦我们开始 1 万小时积累，首要的就是做减法。没出现在
梦想清单和目标清单上的事情，尽量不做。如果有必要，那么在
工作手账上再列一个"不做清单"。当这个清单上的事情开始诱
惑或干扰自己的时候，应及时停止。

如果一天能拿出 3 小时做某事，那么 1 万小时需要 10 年。如
果能拿出 6 小时，那么仅需要 5 年。如果能拿出 12 小时，那么只
需要两年半。

本书不太建议人生第 1 个 1 万小时占用每天的时间过多，也
不建议年限压缩得太短。一般情况下，每天 4 个多小时为宜，除

去每周休息 1 天，最终大约需要 7 年的积累。人体绝大多数器官的细胞整体更新一遍约需要 7 年。1 万小时的积累与人的一次脱胎换骨同步。

一个人精神与专业能力的脱胎换骨，最好与人的肉体变化同步。

---

25 岁以后的人，每天绝大多数时间都在工作，1 万小时的领域训练最好与工作专业相结合。借助工作手账、随身手账、时间管理手账，淡定地完成这第 1 个 1 万小时并非难事。

3 年确定方向，7 年训练积累。毕业工作后，10 年成为所属领域的顶级专家，这真的不难。

当第 1 个 1 万小时的梦想和目标实现的时候，可以继续深入，成为划时代的大师。也可以另辟战场，做另一个领域的专家，这就是网络上一度流行的"斜杠人生"。人一辈子是可以同时做几个领域的专家的。

我的职业是商业咨询顾问。从事顾问工作，首先来自我的喜好。我对搞清楚各行各业所有的内外部环境以及各类企业运营中的每一个环节，都特别感兴趣。我甚至发现，我天生擅长整理商业事务的逻辑。再复杂的东西我都能梳理得脉络清晰，并得到最优解决方案。至于跨学科地学懂技术、产品、运营，以及财务、人力资源、宏观经济等专业知识，那更是顾问工作最基本的能力要求。从最初的"菜鸟级"顾问开始，到后来能为各种企业和政府提供全案式顾问服务，整个过程的专业训练与积累就有十几年。

现在大家看到我又写了《用手账管理时间》的这本书和相关的知识产品。这起初来自一家客户公司的额外需求。客户觉得我用手账的工作方法很不错，想以支付顾问费的方式，请我专门讲讲我是如何使用手账管理工作的。本着认真负责的态度，我专门拿出几天做了梳理，并制作了一个内容讲述的 PPT。这就是这本书核心内容的最初形态。在这一年的年底，我在手账上例行做年终盘点，突然脑子里冒出了一个想法：

"我已经写手账、用手账快 20 年了。不算碎纸机定期销毁的随身手账，归档后的手账记录摞起来都快有我 1 人高了。我已有一整套自成体系的用手账管理效能的方法，还有很多人来向我请教怎么用手账。那能不能在这个看似新兴的领域，也做些事情呢？如果能的话，那么一定能帮助到更多的人！"

随后，我专门建立了一个手账归档的文件夹，再有意识地做一些梳理。这本书的所有内容正由此而来。

在中国传统行业里有一句老话叫"拳不离手，曲不离口"。只有我们长期地做积累，1 天都不耽搁地持续做一件事情，必要的时候我们才能够游刃有余地展现自己积累的成就。

很多东西只靠突击工作几天是不行的。如果我们没有长期的积累与训练，即使硬撑着能表现一下，但当更大机会来临的时候，我们往往很难接得住。

长期积累的东西不能断，哪怕 1 天都不要断。如果断了，那么我们的精力就很容易被其他看似新鲜又无营养的热闹所吸引。一旦开始"三天打鱼两天晒网"，梦想和目标就会沦为自己的笑话。

在长期坚持过程中，任何人都少不了有困顿、苦闷和烦恼。不要紧！因为我们还有手账这个最好的朋友。遇到各种问题时，我们都可以先翻翻自己的三本手账：工作手账、随身手账、时间管理手账。手账能忠实地陪伴我们成长，这是一种幸福。

给父母的建议

既然本书已经讲到了"专业训练"，那么顺便也讲一下家庭教育。本书建议，父母不要过早干预孩子的成长。再聪明的父母都决定不了孩子将来能成为哪一领域的"专家"。

现在很多孩子被父母"逼着"去上各种艺术班。艺术班可以上，也可以体验，而能不能坚持，是不是真正喜欢，则完全要看孩子自己。

要搞懂"自己的一辈子要做什么"这个问题，有的孩子能早些，有的孩子会晚些。一般情况下，不少人都得到 25 岁左右时，才能真正洞悉"自己今生做什么"。这个时候所谓的"孩子"其实早已成年了。

父母让孩子上各种艺术班，甚至上补习班，本质上是父母在焦虑。父母自己缺失的东西想要在孩子身上实现。与其让孩子牺牲所有的课余时间和假期，父母最应该做的是引导孩子去了解这个世界，可以旅游、到处走走、进行家庭群体活动，甚至可以带着孩子一同读本好书，或者带着孩子养成用手账的习惯。

孩子天生会模仿身边最亲近的人。要想孩子的未来有出息，父母首先自己得有出息。如果孩子看到父母在闲暇时就是窝在沙发上看电视或玩手机，那么他们长大后更会这样；如果孩子看到父母有空时就读书并坚持学习，那么他们自然会养成爱学习的习惯。

父母也不用对没有"学区房"感到焦虑。记得有人讲过，"最好的学区房，是家里的书房"。

很多父母其实年龄并不大，有的还没进入人生的第 2 个迭代周期，谈一辈子还早着呢！那就先从修炼自己的第 1 个"1 万小时"开始吧。在自己成为某个领域专家的过程中，同时为孩子做出最好的榜样。

父母只有将自己的人生过顺了，孩子的将来才会更顺。

很多刚刚组建家庭的"未来父母"，还有恋爱中的男女，他们常有各种关于"情啊、爱啊"的困扰。相信大家身边有太多这样的情况，或者有些读者朋友自己就在困扰之中。

我常常建议这样的朋友，花点时间了解一下钱钟书与杨绛的家庭故事。他们的挚爱亲情、爱国情操，还有知识分子的人格精神，可能会给人一定的启示。钱钟书夫妻的信件手记以及钱钟书女儿给父母的画像手记，也能在网络上被找到。

我们去了解别人，是为了自己懂得并理解 "只有家，才是最好的港湾"。

情侣两个人之间的那些"内部问题"有一个非常好的解决办法，那就是——共用 1 本生活手账。在这本生活手账里，至少列出情侣两个人的梦想和目标，也随时在上面记录些人、财、物的信息，甚至可以在上面写些属于两个人的杂七杂八的东西。不但要两个人一起写，还要经常一起翻看，甚至每天都要翻看。

除了每人各自的 3 本手账，如果情侣两个人能共用 1 本生活手账，那么这将使情侣关系进入最高境界。

大家可能会有这样的疑问："人的情啊、爱啊的问题，几千年都解决不了，难道 1 本手账就能解决？不可能！"

有这样的疑问很正常。其实，解开疑问也很简单，试试就知道了。

然而比"试试"更重要的是，我们得习惯于跳出问题本身去思考问题。这就是思维的升级，站在更高的维度上去看待问题。

当情侣两个人能共用 1 本生活手账的时候，很多困扰不用去解决，就消失了。

其实，如果去查看钱钟书家庭成员的手记，就会发现钱钟书与夫人杨绛的家庭就有点"共用 1 本手账"的意思。他们经历了跌宕起伏的大时代，他们家庭的温馨却没有被外部时代所打破，以至于杨绛先生能在百岁高龄还精心整理了影印版《钱钟书手稿集》并得以出版。

手账是一个人的指南，手账也可以是一个温馨家庭的指南。

第 13 章

手账"开挂",从管理时间到管理人、财、物

—

时间管理是知识管理的原点,也是所有管理行为的原点。

人的思维认知要想升级,需要在具体事情上"磨",磨炼的过程可以不用电脑和手机,但离不开手账和笔。

用手账管理好时间以后,会自然无缝地过渡到用手账管理人、财、物。

任何一种效能管理都必然要过渡到人脑思维的提升。思维结构的梳理是每一个人成长过程中都绕不过去的事情。思维的不断提升与优化，表现为人对各种事务的管理越来越高效，人会变得越来越优秀，迎来一种成功的人生也是必然的。

与世界和谐共处的顺序和步骤

虽然本书尽力避免为大家讲理论，但理论真的能够帮助大家看清思维的全貌。

记得学者梁漱溟说过一句话，"人一辈子先解决人和物的关系，再解决人和人的关系，最后解决人和自己内心的关系"。这个讲法很对，但不全面。我认为，首先得解决人和时间的关系。因而，人要想与世界和谐共处，有着如下的顺序和步骤：

▸ 人与时间的关系。

▸ 人与物的关系。

▸ 人与人的关系。

▸ 人与内心的关系。

对照人生迭代周期理论，在每个周期里，人应侧重使用的手账不同，即"人在第 1 个迭代周期的 3 年，侧重使用时间管理手账；在第 2 个周期的 10 年，侧重使用随身手账；在第 3 个周期的 30 年，侧重使用工作手账"。如果再进入第 4 个周期，那么我们得倚重已经积累的手账体系，解决并传递自己内心的一些终极问题。

时间管理是所有管理行为的原点。时间管理还特别忌讳一件事，那就是时间特别怕用力过猛。如果刻意地动用所有意志力去执行时间计划，那么往往会适得其反。时间管理的最好的方式是形成习惯，而习惯对人脑来说往往是右脑的感知。

这就是很多人都曾遇到过的，在事后回顾一些事情的时候，他们发现"自己当初凭右脑感知的决策是正确的，而随后左脑费力分析做出的决策反而是错误的"。这就是决策失灵。这种情况其实很普遍。

婴儿 3 岁学会说话，人留有的最早记忆往往也是 3 岁以后。现代心理学研究认为，记忆力是依靠多个感官的协作和语言系统协作来完成的。人对图文并茂的东西更易于感知，这背后就是右脑起的作用。纯文字的东西和刻板的规则，需要左脑做逻辑转化。好的思维是要左脑强，右脑也要强。而很多人往往会不知觉地频繁训练左脑，却忽视右脑。

我在 3 本手账中，用 4 色笔书写，并且每周都会将时间管理手账涂上颜色块。我会定期销毁随身手账。需要转移到工作手账上的内容，除了用 4 色笔书写，我往往将转移来的内容绘制成图。这样，以后再翻看时，翻开手账具体的一页，都是图文并茂的内容。这一页说的什么事情，一下子就能勾起记忆。对当前的思考有用还是没用，立刻就判断出来。

用手账来管理时间，本质上激活的是右脑。因为书写过程就是多个感官协同的过程。在后来翻看的时候，也是多个感官协同的。这样反复刺激右脑，而不是单纯地使用左脑，对人的效能提升和快速实现目标最为有益。

我的 4 次快速成长经历

我有 4 次因"凶猛"地使用手账而快速成长的过程。

第 1 次是我刚上大学时。我学习的是计算机专业，但我上大学前几乎没怎么接触过电脑。我不甘居人后，于是就拿本子做记录，只要是看到、听到的所有与 IT 相关的信息都会拿笔写下来。我更是认真对待专业课，在记笔记上从来不含糊。记得当时去食堂打饭，我也会拿着本子翻看。很快，我不但补上了以前缺失的认知，而且能跟外籍教师探讨与 IT 相关的东西。后来，我被推举为全校计算机协会会长。

　　第 2 次是我刚到微软顾问咨询部做项目时。很多比我年长十几岁的老顾问做事情高效又专业，他们对工作游刃有余，项目实施得顺利，客户关系做得也好。说话、写邮件，他们都能滴水不漏，相当专业。我当时与他们的差距太大。于是我开始想方设法地提高自身的工作能力。在微软公司的内网上，有很多学习资料，除了技术的、产品的，也有很多项目实施和服务业务的资料。只要有微软工作账号，就可以随时登录，进行在线学习。另外，我还自己找了很多外部资料，如 PMP 的书、企业管理的书、商务管理的书、财务管理的书。但我很快发现，真正的"瓶颈"却在于——时间根本不够用。

　　我当时就找过很多时间管理的学习资料，也买过一些时间管理的书。但说实话，那些都不太实用。如一般资料里都会提到的做计划、收集待办任务、管理风险，那些东西跟手里的工作要想结合到一起都是有成本的。或者换句话说，都不能直接解决当时面临的问题。值得兴庆的是，我及早发现了这个问题，并扔掉了那些外部参考资料。有句古话是，"尽信书，则不如无书"。

　　我继续采取了自己从中学、大学时就一直习惯的做法，把问题都记录下来，并把大问题拆分为小问题。把自己想怎么解决，解决过程中哪些人说了哪些话，哪些人又做了哪些事，问题最后是如何解决的，全部都记录下来。问题、解决过程、解决办法，不但都记录，而且还时常地翻阅这些记录。只要有新的想法，就记录下来。当时就遇到了一页纸上记不下全部东西的问题，因为还不断有新内容补充进去，于是我开始用多种颜色的笔做记录。甚至在很长时间里，我竟然习惯了右手上同时夹 3 支笔写字。我就是不断地记录，并不断地翻看记录。好处很快便来了！同事、客户、相关的朋友经常惊讶地问："怎么你把××问题，分析得这么透彻？"再然后，几个项目做下来我也能够对工作游刃有余了。所谓的时间"瓶颈"，也根本不再存在了。

　　第 3 次是我为国内最大的能源集团实施一个项目时。当时遇到的问题是，这个项目涉及的专业内容太多。最麻烦的是，下面几百家子公司在具体工作上各有各的做法。当时项目的客户方和实施方，几乎所有的人都躲着这个项目，因为大家都希望做容易的工作。即便如此，我也没有回避。我依旧采取多听、多记的办法，不但多做记录，还跑得特别勤。我到各个具体现场做调研以了解真实情况。同样一个问题，为了解全貌我还会多跑几个现场。那时候我还用定页的手账本，不到一个月就写满了好几本。后来通过整理这些手账记录，我在电脑上为客户绘制了一个巨型业务流程图，一眼看去密密麻麻的，跟印刷电路板一样，最后晒图印刷出来，需要整整一面墙才能贴得下，但从宏观到细节分毫不差。在这个"硬活"的基础上，项目顺利完成。更意外的是，因为这场"硬仗"我一战成名。行业圈内的人认为，再难的事情交给我都能搞定，再乱的资源到我手里都能盘活。这样的好处是，我在协调一些资源的时候会少很多麻烦。但我并不喜欢圈内人给我扣上的这个"人设"。我并不是万能的，我还想做更多别的事情，尤其是更有挑战、更有意思的事情。

第 4 次是我刚刚开始创建自己的商业智库时。当时面对的状况是没有资金，没有人际关系，没有客户，没有经验，甚至连具体怎么做的想法都没准备好。有的只是脑子里的初始愿景。再有就是一个来自心灵深处的声音，"是时候该自己做点事情了"。我不但要完全重新开始，还要学着做很多原先上班时不需要考虑的事情，事无巨细都得自己来应对。至于生活，一切从简。在一段时间里，我都要从信用卡里取现金还房贷，甚至真有饿过肚子的时候。

然而，那时的我已经非常淡定了。我知道这又是一次能够提升自己的思维和认知结构的绝好机会。即便在最困难的情况下，我也拒绝所有外部投资，因为少有人能真正搞懂我做的是什么；我更拒绝被其他机构收编，因为它们也与我的愿景不匹配。

我依旧采取自己的这套做法，凡事做记录，多翻看记录。不但做记录还跑得更勤、跑得更快，随时关注真正有价值的事情。不但用手账管理时间，而且我还特别强化了用手账管理人、财、物的做法，每 1 个真正的人际关系都认真对待，每 1 分钱的收入我都诚心地感谢这个世界，每 1 件确实无用的物品我都不购买并妥善做"断舍离"。原计划自己怎么也得折腾 3～5 年，并做好了过苦日子的准备，实际上却只用了 1 年就快速稳定下来。对此，我也并不意外。因为，只要在手账的帮助下，人的精神状态和思路方向对了，就不用担心各种不确定性。后来遇到经济大环境变动时，我的发展不但没有受影响，反而是过得最好的时候。更重要的是，这才是我最值得肯定自己的一次成长。与过去相比，我完成了自己最大的一次思维与认知升级。

我始终认为，人的思维认知升级绝不是读几本书或上几节课就能做到的，要想做到只有在具体事情上"磨"。在做事上的磨炼，可以不需要电脑，可以不需要手机，但一定离不开手账和笔。

这就是用手账来记录和管理事务的好效果。

手账会帮助人变得更务实、更靠谱、更优秀。手账也会使人变得更有素养，更有品德，更有敬畏之心。

写手账的人，一般都不差

在手账的帮助下，我们习惯了管理好自己的时间以后，自然会无缝地过渡到对人、财、物的管理上，顺序依次是物品（生活）、财富、人际关系。

本书在"节流"这一部分里，已经或多或少地讲到了用手账管理人、财、物。

用手账管理物品有三个要点：一是数量，二是位置，三是整洁。

如果要新购入某件还可以的物品，那么我会把它设计进手账里的奖励清单，在实现目标之后再购买。已有的物品，我会把它列入手账里的物品清单，除了列明位置，也列明还能够使用的时间，需要多长时间保养或清洗、晾晒这些物品，以保持它们的清洁。

用手账管理财富，也有三个要点：一是储蓄，二是投资，三是不借债。

我们可以用手账帮自己设计一个源源不断的财富获取结构，这就是"商业模式"。

我的每 1 笔收入中，我会至少拿 20% 来做储蓄。我把这个看成为自己"交税"。我用手账管理了一个特殊的账户,凡是高于100元的收入都会先拿出其中的20%存入这个账户。我的手账里,还有专门的一页,只写了4个字:永不负债。

用手账管理人、财、物的目的是使人更高效,也使人更有价值。人的价值成长,最重要的体现在于人际关系。虽然本书已经讲过社交的"断舍离",但有价值的社交正在于结识人际关系。

基本上在所有的手账,或者国内常常能看到的工作记录本中,都会有个通讯录表格,上面往往是写联系人姓名和联系电话。这其实就是人际关系管理的基本信息,但只有这样的基本信息是不够的。因为不同的人在社交中沟通的内容、频次、作用,往往有很大的不同,需要我们区别对待。需要用手账记录的不同的人的信息内容,往往也有着很大的不同。

首先,知己。知己的特点是,交往时往往不需要大量沟通,很多时候不需要先考虑对方的感受再决定说什么话,很多东西与知己间是心领神会的,甚至存在别人完全听不懂的知己语言。知己难求,知己本身不太需要用手账进行管理。但通过知己又建立的人际关系,包括他的强连接人际关系与弱连接人际关系,可以做些记录。即便如此,知己还是尽量不要混入与工作和事业相关的交往因素。除非遇到一些紧急的情况、人生的重大危机等,再动用知己的人际关系。可以说,从"人际关系"这种意义上来看,知己是无用的。

还有一点需要提醒大家,在有些情况下,知己可以是家人、夫妻和亲属。

这需要各位读者朋友理解一下,并调整一下自己的认知。知己,也能够是自己的家人、亲属。

如果你的人生决定了你的一位家人、亲属是你的知己,那么不要回避,也不要不愿意承认。

其次,强连接人际关系,一般是 7 人左右。强连接的人际关系,往往是工作中直属的上下级、团队成员、创业伙伴等。强连接的人之间,最重要的是边界感。我们能看到,很多科技公司的高管会议,包括 CEO、COO、CFO 等在内,一般不超过 7 人。很多在校学生,一学期开的课里,一般不会超过 7 门。学生能接触的课程主讲老师,一般不超过 7 人。

最后,弱连接人际关系,一般是 100 多人,最多 150 人。在人遇到各种问题的时候,很多具体问题的解决,都是弱连接的人际关系发挥的作用最大。知己无用,强连接人的思维认知又差不多,所以在一些情况下,弱连接的人最能够弥补资源的短板。此外,如果是销售类工作、市场类工作、创业者或公司老板,那么弱连接的人往往是客户、供应商或合作伙伴。

知己不需要记录进手账,连联系电话等都不需要记录。强连接与弱连接的人，则需要记录进手账中的人际关系列表。

尤其是弱连接的人，还需要为其建立人际关系档案。在这个档案中，包括这个人的年龄、性格、影响力等基本情况，还包括一些重要事情的沟通记录。在结识潜在的弱连接人际关系时，要注意3个"3"。第一是初次沟通的前30秒。第二是不同时期前3次沟通的前30分钟。这3个"3"中，沟通的任何内容都可以随手记录进随身手账中。当有时间时，再尽可能全地整理在工作手账的人际关系档案中。

工作手账上的人际关系档案至少每周都翻阅一遍，如果发现与有的人3~6个月没有进行过任何联系，那么可以主动地发起问候，做走心的人际关系唤醒。具体方式包括通过网络社交平台联系、发短信、打电话、手写信件或者寄送一份小礼物。注意，做人际关系唤醒时避开各种节日，因为节日时别人收到"群发"的东西太多了。唤醒的过程、方式、内容一定要走心，一定得是真诚的，否则可能适得其反。

与弱连接的人一同协作时，注意沟通中先阐述对方的利益诉求，再说具体的事。或说服，或传递信息，越直接越高效。

用手账管理人际关系有着更多丰富的内容，感兴趣的朋友可以关注即将出版的"用手账管理系列图书"的《用手账管理人际关系》。在"用手账管理系列"知识产品中，除了有管理人际关系、财富、物品等专题，还会有管理工作、管理读书笔记、管理兴趣爱好、管理亲子关系等专题。甚至也会有用手账管理企业组织、管理经营战略等专题。手账可以管理好个人事务，也可以管理公司事务。感兴趣的朋友也可以与我联络，共同沟通和探讨，欢迎大家来与我切磋交流。

希望关注本书的朋友，以及阅读到这本新书的朋友，都能够好好地发挥手账的价值。网络上手账圈内的一句话讲得好，在此拿来与大家共勉——"写手账的人，一般都不差！"

手账能帮助人做很多事情。手账能帮助人最大限度发挥出自己的所有潜力，让自己淡定并温柔地面对这个美好的世界。

手账是宝贝，
比手机重要

—

手账会让生活和工作更有计划和逻辑。

手账能起到"大脑减压器"的作用。

有一次，一位老友见到了我包里的时间管理手账。他看上面涂得五颜六色，上面的字还是用不同颜色笔写的。然后，他半认真地说："怎么你一个钢铁级直男，竟然还搞这个？"

我只好也半开玩笑地怼他："这说明你的这个评价是错误的吗？"

在中国国内，手账是近年来先从"小众"圈内流行起来的一种文化。在中国互联网上，有不少"手账公主"晒出了她们的手账，越做得漂亮，越是创意奇特，越能引人注目。但是，这倒也让很多想尝试手账的人望而却步。许多人觉得自己写的字不好看，还有不少人担心自己没有耐心，于是只去羡慕一下别人"写手账"，而自己却不尝试。其实这些顾虑没有必要。

还有更大的一个群体是"泛手账人群"，他们有写日记和做工作记录的习惯，有的也在使用各种品牌的手账本，但就是喜欢"悄悄地玩"。他们当中，有的人觉得手账里写的东西应该只给自己看，有的人还是怕展现给别人看会被人笑话。

几年前，我曾在网上发过一个帖子，晒出了自己每天用的几本手账。这个帖子的点赞、收藏、评论数量很多，而且经常被人翻出来置顶。

改革开放以来，中国的经济发展取得了巨大的成就，人们的精神生活也在不断地升级迭代。在这个过程中，必然会出现不同的文化冲撞，也必然会有经得起检验的进步事物出现并被普及。手账文化可能就是这样的一种东西。

喜欢在网络上晒手账的"手账公主"们，她们做的那些漂亮的内容一定有用，但可能有那么一点"小用"。手账的基础价值还是在于管理自己的效能！达·芬奇、富兰克林、曾国藩，他们应能算得上真正的手账达人吧。

虽然在国内的"手账圈"看来，男生用手账有那么点新奇，但实际上，绝大多数讲求效能的人都会认真妥善地使用记事本，至于他们是不是叫它"手账"倒是无关紧要的。

很多人这样问过我："杨老师，您是怎么开始用手账的？"在他们看来，这位"杨老师"的工作和生活方法他们从没见过，他们觉得杨老师挺神奇，他们想知道杨老师身上究竟"发生过什么"。

我还真的认真思考过这个问题。我形成这样的习惯，得追溯到我父亲吧。

我的父亲是一位认真的人，他年轻时就有长期写工作日记的习惯。记得小时候，父亲工作很忙。白天来不及整理的东西，他经常会半夜起来书写记录。父亲的认真精神更多地体现在工作中，别人为客户量一遍模具尺寸，父亲要量三遍，一定要确认无误后再交由生产。这也使得父亲连续很多年在单位的工作业绩都是名列前茅的，"先进工作者"之类的奖状证书有一大摞。

现在，早已退休的父亲快 70 岁了，还会每天整理和记录生活日志。有时候，我翻看父亲现在的手账，甚至也有对我手头事务的启发（见后记图 1）。

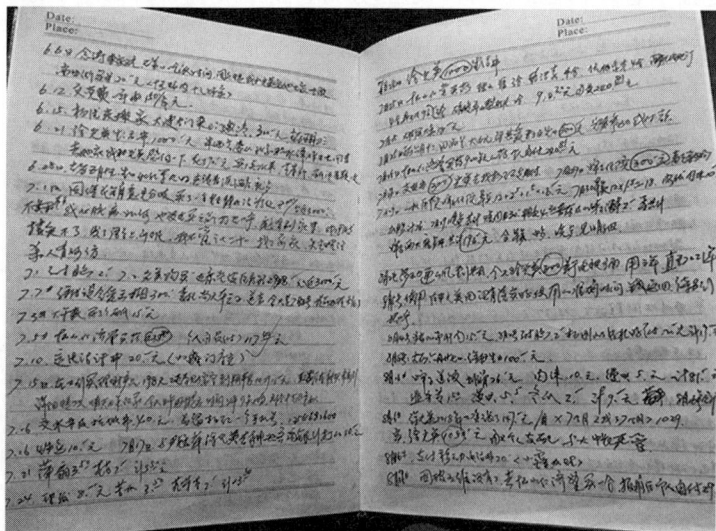

后记图 1　父亲的手账

　　我的母亲经常料理家务。记得小时候，家里有三个大抽屉。每隔一段时间，母亲就带我整理这几个大抽屉，有用的东西留下并规整好，没用的东西就及时清理掉。

　　以至于后来我让办公室专门采购了几个最大号的字纸篓，我建议大家"只要没用的东西就及时扔掉，越清爽工作越高效"。我当时拍了个字纸篓的照片，发到了朋友圈，有人就回复"断舍离"三个字。我觉得这三个字还挺好，挺能反映我的理念。几天后，我偶然才发现"断舍离"其实源于日本，倡导的是一种减少不必要物品的理念。当时，中国国内还几乎没人了解"断舍离"是什么。

　　我出生的那个年代，商品还相对短缺。在我记忆里，家中最早用过的一支笔，可以说压根就不是笔，那就是一支老式的圆珠笔芯，用胶布缠了一层又一层，成了一支笔的形状。那时候，家中也没什么纸，我也没什么玩具。我就是拿这样的一支"笔"，在过期的月份牌（日历）上胡乱涂画。

　　现代心理学中总讲，小时候缺失过什么，以后会特别重视什么。可能有点这个原因吧，我上学以后特别喜爱文具。喜爱文具成了一种爱好，这没什么不好。我对笔和本子等文具，不但讲究，而且爱惜。爱惜文具与践行"断舍离"并不冲突。

　　即便几千元的笔我都有好几支了，但看到马路上有人丢失的售价不足 1 元的笔时，我也会捡起来擦干净上面的灰土。自己的铅笔用到很短了，套上个笔筒也可以继续用。直到不能再使用时，我才丢掉那个小小的笔头。

日剧《家族的形式》中有这么一句台词："要了解一个人，看他周围的物品，虽然看鞋、包、手表肯定没错，不过见微知著，用的文具就可以看出人的人品。"看到这句台词时，我深有同感。一个人开什么车，穿什么衣服，有时候很难反映他的真实状况。但看他怎么对待文具和纸笔，往往能看出不少内在的东西。这个方法，后来也成了我筛选重要客户与合作伙伴的标准。这不但很实用，而且几乎分毫不差。

现代人用的最多的物品，对中国人来说，就是手机。在中国，像 iPhone 这样的智能手机被称为"街机"。智能手机在中国的普及异常迅猛。

任何事物都有两面性。一面是，智能手机的巨量用户，可以说是经济与科技发展的一个重要动能。另一面是，许多人宝贵的时间也浪费在用智能手机做各种无意义的事情上。

然而，与此同时，在人手 1 本手账的日本，还有相当数量的人在用只能打电话的翻盖手机。在以严谨务实著称的德国，也有不少人仍旧使用传统的功能手机。2014 年德国的一份市场数据显示，32%的德国人用三星，25%的德国人用的是在中国都已罕见的诺基亚，而 iPhone 在德国的占有率才 13%。日本与引领欧盟的德国也是手账大国。不少发达国家都具有这个特点，很多国民用手账管理日常事务就已经做得很好了，因而没必要用太过智能的电子产品来做事务管理。

在现在那么多的智能手机用户里，到底有多少人能发挥智能手机做事务管理的基本功能呢？大家应各有自己的体会。

如果我们观察一些精英群体，那么会发现他们有诸多特点。例如，他们中不少人会很好地使用手账，他们普遍喜欢阅读，而不太喜欢追剧，当然他们更不太爱好玩游戏。阅读其实塑造的是一种"推"的能力，使人养成主动推进的习惯，而且使人慢慢养成一种对事物的掌控感。看电视剧甚至包括看电影，却是"拉"着人的思绪在前进，这样其实是让人的思维变"懒"。如果长久地把握不好，那么会让人变得懒散。一个人的价值在于他为这个世界做了多少贡献，而不在于他为这个世界挑了多少毛病。

很多人倡导大家多阅读，却似乎没有把这个逻辑讲清楚。现代人应该多阅读，其实跟读什么关系不太大。都说阅读能增强人的气质，阅读其实是促使人养成"推"的主动性。一个人只要有主动性，他一定不懒散，也往往是责任感强的人。当然，阅读最好是读有深度的书，有深度的书甚至应该反复地多读几遍。曾有人讲，翻看德国哲学著作，里面一句话竟然能占好几页，翻了好几页还看不到一个标点符号。越是深度的东西，越对提升人的认知有益处。毕竟，未来人与人之间的差异，不再是贫富的差异，而是认知的差异。

我读书时会带着随身手账，遇到有启发的东西就随手记下来，然后经历至少三遍的翻看或加工，才最终把内容归入手账存档。

我在观看视频时，也会时常在随身手账上写。我甚至将随身手账带进电影院，看电影时也能在昏暗中写写记记，这让很多人觉得怪异。

我不把手机带进卧室，但会把随身手账带进卧室，睡觉时就把它放在床头柜上。有时候还真的是"睡觉都在工作"，半夜醒来甚至会在随身手账上写几个字。睡不着时翻看手账，很快就能睡着。

即便如此，我还是觉得手账有很大潜力未被发掘。手账的作用真的很大！

我周边的一些朋友，近些年受我的影响，也越来越多地开始使用手账。他们都觉得效果不错，不但工作效能提升、学习成绩提高，生活质量也有所提高。最重要的是，他们觉得自己变得更自信，他们变得对生活和工作更有热情。他们甚至觉得自己变得更年轻、更有活力。与用手账之前相比，他们觉得自己更舒服。这可能就是他们找到了"自我"吧。

我们可以借助手账改变世界——至少可以借助手账别让世界改变了自己。

拿起笔，开始写。哪怕从写一个字开始！

杨 健

二〇一九年 中国北京

图书在版编目（CIP）数据

用手账管理时间：风靡全球的时间管理方法 / 杨健著. —北京：电子工业出版社，2019.11

ISBN 978-7-121-37194-3

Ⅰ.①用… Ⅱ.①杨… Ⅲ.①时间—管理—通俗读物 Ⅳ.①C935-49

中国版本图书馆 CIP 数据核字（2019）第 168436 号

责任编辑：黄 菲 文字编辑：杨雅琳 特约编辑：白俊红

印　　刷：三河市鑫金马印装有限公司

装　　订：三河市鑫金马印装有限公司

出版发行：电子工业出版社

　　　　　北京市海淀区万寿路 173 信箱　邮编 100036

开　　本：720×1 000　1/16　印张：14　字数：179 千字

版　　次：2019 年 11 月第 1 版

印　　次：2019 年 11 月第 1 次印刷

定　　价：65.00 元

凡所购买电子工业出版社图书有缺损问题，请向购买书店调换。若书店售缺，请与本社发行部联系，联系及邮购电话：（010）88254888，88258888。

质量投诉请发邮件至 zlts@phei.com.cn，盗版侵权举报请发邮件至 dbqq@phei.com.cn。

本书咨询联系方式：1024004410（QQ）。